Liebe Leserin, lieber Leser,

Die Familie, diese Erfahrung hat jeder von uns schon gemacht, kann als höchstes Glück empfunden werden, vielfach aber auch als große Last. So ist das Elternhaus der Ort, an dem ein Mensch erstmals Liebe erfährt, aber mitunter Verletzungen erleidet, die er ein Leben lang nicht vergisst. Und selbst wenn wir uns als Erwachsene noch so weit von ihr entfernen, bleibt die Familie immer ein wichtiger Teil von dem, was wir sind.

Über das machtvolle Erbe der Eltern, warum wir oft unbewusst deren Werte und Verhaltensweisen übernehmen, wir aber dennoch nicht Gefangene unserer Kindheit sind – darüber gibt in diesem Heft der renommierte Persönlichkeitspsychologe Klaus A. Schneewind Auskunft (Seite 50).

Der Einfluss der Familie auf den Einzelnen ist heute wohl größer denn je: Die Bedeutung der Väter beispielsweise hat in den vergangenen Jahrzehnten merklich zugenommen. Die meisten spielen eine weitaus emotionalere Rolle im Gefüge der Familie als früher. Die Mütter können angesichts der hohen Lebenserwartung der Frauen ihre Kinder länger als je zuvor begleiten, oft von der Geburt bis zu deren Ruhestand. Und die meisten Jugendlichen haben ein gutes, vertrauensvolles Verhältnis zu ihren Eltern. Über diesen „ewigen Bund" und was Wissenschaftler in letzter Zeit dazu Neues herausgefunden haben, berichten wir ab Seite 28.

Hat die Heftproduktion koordiniert: Claus Peter Simon, Geschäftsführender Redakteur

Offenbar ist die Familie auch heute noch höchst erstrebenswert. Viele Menschen wünschen sich nichts sehnlicher als Kinder – darunter auch ältere Frauen, Unfruchtbare sowie gleichgeschlechtliche Paare –, und anders als noch vor wenigen Jahren kann ihnen dieser Wunsch nun häufig erfüllt werden. Die Reproduktionsmedizin macht dies inzwischen möglich: durch die künstliche Befruchtung, das Einfrieren von Spermien und Eizellen oder durch Leihmutterschaft und Eizellspende (die allerdings beide hierzulande verboten sind).

Doch moralische Einschätzungen verändern sich. Als im Jahr 1978 Louise Brown auf die Welt kam – das weltweit erste

Kind, das durch die Verschmelzung von Samen- und Eizelle im Reagenzglas entstand – tadelte die katholische Kirche, der Mensch handele naturwidrig. Heute werden allein in Deutschland jedes Jahr 10 000 Kinder außerhalb des Mutterleibs gezeugt. Und wohl niemand wird behaupten, diese Babys seien weniger lebenszufrieden als „natürlich" gezeugte Kinder. Psychologen haben vielmehr schon Hinweise dafür gefunden, dass Kinder, die mithilfe der In-vitro-Fertilisation zur Welt gebracht wurden, überdurchschnittlich glücklich sind.

Das Redaktionsteam (v. l.): Bettina Süssemilch (Verifikation), Torsten Laaker (Art Director), Bertram Weiß und Maria Kirady (Heftkonzeption)

Die Gründung einer Familie ist heute mehr denn je ein kalkulierbarer Akt, eine sehr bewusste Entscheidung, getragen von einer urmenschlichen Sehnsucht. Was aber bleiben wird, ist die Ambivalenz von Familie, denn wo Menschen aufeinandertreffen, entstehen auch Konflikte. Wie wir besser damit umgehen und unser Augenmerk auf die positiven Seiten von Familie richten können – auch darüber berichtet diese Ausgabe.

Herzlich Ihre

Claus Peter Simon
Geschäftsführender Redakteur

Michael Schaper
Chefredakteur

INHALT

Nr. 56

Familie

Titelbild: DAVID MAUPILÉ

Impressum, Bildnachweis S. 114
Vorschau: GEO WISSEN »Angst« S. 162

Alle Fakten und Daten in diesem Heft sind vom GEO-WISSEN-Verifikationsteam auf ihre Präzision, Relevanz und Richtigkeit überprüft worden. Kürzungen in Zitaten sind in der Regel nicht kenntlich gemacht.

Redaktionsschluss dieser Ausgabe:
23. Oktober 2015

Themen früherer Hefte
und Kontakt zur Redaktion unter
www.geo-wissen.de

Die Familie als Glück

Die Familie als Bürde

Familie und Beruf

TEST

Wie gehen Sie mit Konflikten um?

Zwei Tests geben Antworten:
- der erste zum Umgang mit Partner, Kindern und Verwandtschaft,
- der zweite dazu, wie gut es Ihnen gelingt, Beruf und Familie zu vereinbaren.

103

Rot: auf dem Titel angekündigte Themen

Von der Sehnsucht nach *Zusammenhalt*

Die Familie ist das wohl machtvollste Geflecht von Beziehungen, in das ein Mensch geraten kann. Sie vermag das höchste Glück zu bereiten – aber auch zur erdrückenden Last zu werden. Denn nichts prägt uns stärker als unsere Herkunft: sei es über die Erbanlagen oder über die gemeinsamen Erfahrungen. Die traditionelle bürgerliche Familie hat allerdings ihr Monopol verloren, zusehends entstehen neue Formen von Gemeinschaft. Doch auch sie stillen uralte Sehnsüchte – nach Sicherheit, Geborgenheit und Liebe

Texte: MARIA KIRADY und BERTRAM WEISS

Ein Familienporträt von heute,
im klassischen Stil: Diese Leipziger
Drei-Generationen-Familie, vor dem Haus
der Großeltern versammelt, dokumentiert
Tradition und Verbundenheit

Die Fotografin Viktoria Sorochinski lernte Anna Makarevskaya und ihre damals vierjährige Tochter Eve in Montreal kennen. In symbolstarken Bildern hat sie die enge Beziehung der beiden über viele Jahre festgehalten

So gern das Mädchen seinen eigenen Weg geht, braucht es doch die Geborgenheit der Mutter

Eve hat einen von Erwachsenen geprägten, aber doch anderen Blick auf die Welt

Die Tochter sträubt sich mitunter, den Regeln ihrer Mutter zu folgen

Die wichtigste *Frau* im Leben

Vermutlich gibt es keine engere Bindung als die zwischen Mutter und Kind. Sie ist die erste Bezugsperson, erst recht als Alleinerziehende. So wie Anna Makarevskaya, die ihre Tochter Eve aufzieht. Obwohl das Mädchen in Kanada geboren wurde, beherrschte es bis zum fünften Lebensjahr nur Russisch, die Sprache seiner Mutter. Als die Fotografin Viktoria Sorochinski die beiden erstmals traf, kam es ihr vor, als lebten die zwei in einer eigenen Sphäre, abgeschnitten von der Außenwelt. Die Begegnung ließ die Lichtbildnerin nicht mehr los: Sieben Jahre lang begleitete sie das rätselhafte Duo mit ihrer Kamera – und tauchte tief in das Beziehungsgefüge zwischen Mutter und Tochter ein. ◊

Das Mädchen imaginiert sich oft eine Fantasiewelt voller Zauberer, Helden und Geister. Auch die Mutter hat einen Platz in diesem mythischen Kosmos

Eve genießt es, wenn Anna ihren Entdeckungsdrang teilt

Der Fotograf Rickard Kilström wollte zeigen, was Vatersein heute ausmacht, und begleitete den schwedischen Immobilienmakler Petter Högberg in dessen Elternzeit mit dem einjährigen Sohn und der vierjährigen Tochter

Auf der Suche nach *einer neuen Rolle*

Als Petter Högberg und seine Frau Lotta ihr zweites Kind bekommen, ihren Sohn Vilmer, machen sie zunächst so weiter wie die meisten Familien: Er geht jeden Tag zur Arbeit, sie versorgt daheim den Nachwuchs. Doch nach einem Jahr soll alles anders werden, Petter Högberg will sein Vatersein neu leben. Und so tauschen seine Frau und er die Rollen: Lotta kehrt in ihren Beruf zurück, Petter macht neun Monate lang den Haushalt, umsorgt die Kinder. Auch daheim hat er einen Vollzeitjob – und taucht ein in eine Welt, die ihn nicht selten an seine Grenzen bringt: mit Geschrei, Streit und Chaos. Doch all das will er, genau so. Denn in der Familie findet er auch: Vertrauen, Gelächter, Zärtlichkeit. Vor allem die Tochter Linnea, drei Jahre älter als der Sohn, ist ihm in dieser Zeit sehr nahe. Staunend beobachtet Petter Högberg, wie die Persönlichkeit des kleinen Mädchens langsam an Konturen gewinnt. Heute ist er sich gewiss, dass seine Kinder auf dem richtigen Weg sind. Und er selbst hat mit dafür gesorgt. ◊

Wer zwei Kinder bei Laune halten und gleichzeitig den Haushalt schaffen will, braucht Gelassenheit, etwa beim Einkaufen

Das große Vorbild und der kleine Sprössling: Viele Söhne eifern ihrem Erzeuger nach

Mit dem Vater beim Babyschwimmen. Früher die Ausnahme, heute Normalität

Der Abschied von Tochter und Vater in der Kita ist inzwischen ein alltägliches Ritual

Auch am Abend, zur Gutenachtgeschichte, ist der männliche Elternteil gefragt

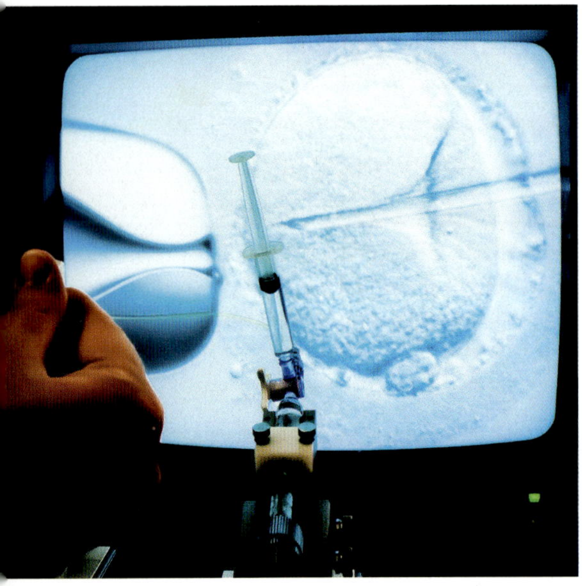

Künstliche Befruchtung: Unter einem Mikroskop injiziert ein Arzt Spermien in eine Eizelle

In einer Samenbank lagert Sperma in flüssigem Stickstoff bei rund minus 195 Grad Celsius

Der andere Weg *zum Kind*

Neue Techniken ermöglichen immer mehr Menschen die Erfüllung ihres Kinderwunsches. Gleichzeitig muss sich die Gesellschaft darüber verständigen, was sie als zulässig erachtet – und was sie verbietet (wie in Deutschland etwa die Leihmutterschaft). Die Befruchtung im Labor hingegen ist heute unstrittig. Neuerdings ermöglicht es das Einfrieren von Eizellen sogar, den Kinderwunsch auf lange Zeit hinauszuschieben. Eine eigene Familie, so zeigt sich, ist auch heute noch für viele Männer und Frauen höchst erstrebenswert. ◊

So *ähnlich* und doch verschieden

Als Kain den jüngeren Bruder Abel erschlug, zeichnete Gott ihn mit einem Mal, das ihn ewig als Mörder erkennbar machte. So steht es in der Bibel. Das Kainsmal gilt gleichsam als Symbol für die unberechenbare Rivalität, die zwischen Geschwistern aufflammen kann. Die Fotokünstlerin Lydia Panas wählte für ihr Projekt dagegen den Titel »Das Zeichen des Abel«: Dafür bat sie Brüder und Schwestern unterschiedlichen Alters vor die Kamera, beobachtete, wie sie sich positionieren, griff kaum ein – und hoffte, dass sich auf diese Weise, in Mienenspiel und kleinen Gesten, nicht offensichtliche Seiten zwischenmenschlicher Beziehungen zeigen würden, etwa die meist unverbrüchliche Nähe von Geschwistern. ◊

Was mögen sie aneinander? Warum schauen sie sich nicht an? Solche Fragen möchte die Fotografin Lydia Panas mit den Bildern aufwerfen, die sie auf ihrer Farm in Pennsylvania von Geschwistern machte

Manche dieser Fotos ähneln »Familienaufstellungen« im Rahmen einer Therapie: Sie geben Auskunft über das Verhältnis der Menschen zueinander, die durch ihre gemeinsame Herkunft ein Leben lang verbunden sind

Adoptivmütter können die biologische Mutter durchaus ersetzen – vor allem durch Nähe und Zuwendung

Auch die Töchter der Fotografin haben Sam so ins Herz geschlossen, als sei er ein leiblicher Bruder

Leben in der *Ersatzfamilie*

Als bei der US-Fotografin Kate Parker an einem Samstagmorgen um sieben Uhr in Atlanta das Telefon klingelt, ahnt sie schon, worum es geht: Das Baby ist da. Wenige Wochen vorher hatte ihre Schwester die Zusage für die Adoption bekommen. Kate Parker packt ihre Kamera ein, fährt los. Sie will vom ersten Moment an festhalten, wie das neue Mitglied in die Familie hineinwächst, wie sich Bande neu knüpfen: Jeder möchte den neugeborenen Jungen hoch nehmen, seine winzigen Finger berühren, sein Köpfchen streicheln. Er ist jetzt einer von ihnen. Sie nennen ihn Sam. ◊

Momente für *die Ewigkeit*

In Familienalben sammeln Menschen Augenblicke. Aufnahmen aus dem Leben ihrer intimen Gemeinschaft, die überdauern sollen. Über Jahre, ja Generationen hinweg zeugen sie vom Miteinander. Mag auch alles vergänglich sein – diese Momente, festgehalten mit der Kamera, bleiben in der Erinnerung lebendig und stärken die Familienbande. Der italienische Fotograf Paolo Pellegrin reiste im April 2011 auf die japanische Hauptinsel Honshū. Wenige Wochen zuvor hatte ein Tsunami Dörfer und Städte verwüstet, in manchen Regionen alles Leben ausgelöscht. Doch unter dem Schutt entdeckte Pellegrin eine Spur von Menschen: Familienalben. Und fotografierte die fotografischen Erinnerungen. ◊

»Geister menschlicher Gegenwart«, nennt der Fotograf Paolo Pellegrin die Bilder, die er dort fand, wo ein Tsunami nur noch Trümmer hinterließ

Wer waren die Menschen? Wie
lebten sie? Die Funde in der Verwüstung,
die der Tsunami hinterließ, geben nur
eine eindeutige Antwort: Die Bewohner wollten
ihr Familienleben für später festhalten

Immer wieder stellen sich die beiden Väter die Frage: Bekommt der Kleine alles, was er braucht? Und geben sich selber die Antwort: Wir machen nichts besser als andere Eltern, aber auch nichts schlechter

Wenn zwei Männer *Eltern* werden

»Himmelhochjauchzend und zu Tode betrübt, suche ich jemanden zum Streiten und Versöhnen«, annonciert Matthias Dieter, heute 43, vor einigen Jahren in einem Schwulenmagazin. Christian Tonk, 42, meldet sich. Sie werden offiziell eingetragene Lebenspartner, und irgendwann reden sie über die Sehnsucht nach einem Kind, stellen den Antrag auf eine Adoption. Es vergeht viel Zeit, dann erfahren sie durch einen Anruf des Jugendamtes, dass sie Eltern werden. Bald darauf zieht der erst einen Tag alte Fabius bei ihnen ein. Die anderen Kinder in der Krippe haben »Mama und Papa«, Fabius hat »Papa und Papi«. Einige Male im Jahr sieht er seine leibliche Mutter. Der Junge wundert sich nicht, wertet nicht. Noch nicht. Bald, davon sind seine Väter überzeugt, werden die ersten Fragen kommen. ◊

Die Brüder Omar und Mario Amestoy. Auf dem neuen Bild fehlt Omar, er wurde von Argentiniens Polizei ermordet

Ein Foto der Brüder Germano in Argentinien. Der älteste wurde mit 18 Jahren entführt, gefoltert und getötet

Luiz Lisboa mit Verlobter und deren Mutter in Porto Alegre. Sein lebloser Körper wurde in einer Pension entdeckt

Verschwunden, aber nicht vergessen

Mit einem Mal sind sie fort. Zu Zehntausenden werden Menschen vor allem in den 1980er und 1990er Jahren in lateinamerikanischen Militärdiktaturen von den Schergen der Juntas entführt, auch Kinder und Säuglinge. Für die Angehörigen, etwa in Argentinien und Brasilien, bleibt nur:

Maria Mendenez 1973 mit einem Freund. Vier Jahre später wurde er gekidnappt und verschwand für immer

Fernando de Santa Cruz Oliveira mit Bruder und Begleitung. Er ist bei einer »Säuberungsaktion« in Rio de Janeiro verschollen

Irma Ferreira mit Schwester. Sie tauchte 1976 unter – und starb, als ihr Unterschlupf in Rosario bombardiert wurde

Ungewissheit. Nirgendwo ist eine Verhaftung registriert, Leichname werden nicht gefunden. Nach dem Ende der Unterdrückerregime beginnt, zögerlich, die Suche nach den Vermissten. Sie hält bis heute an. Der argentinische Fotograf Gustavo Germano macht in seinem Projekt »Desaparecidos« (»Die Verschwundenen«) die seelischen Wunden anschaulich, die das Geschehen bei den Hinterbliebenen hinterlassen hat: indem er alte Familienfotos mit den Verschollenen an exakt jenen Orten nachstellt, wo die Bilder einst aufgenommen wurden – nur dass da jetzt eine Lücke ist. ◊

Der New Yorker Fotograf John Clang will veranschaulichen, dass viele Familien durch die Globalisierung auseinandergerissen werden, aber dank moderner Techniken zumindest Kontakt halten. Dazu arrangiert er mithilfe von Livebildern aus Videotelefonaten eine ganz eigene Art von Familienfoto

Über alle *Grenzen vereint*

Wegen des Berufs ihres Mannes ist MeiDee Lim (im roten Oberteil) mit ihm, den Kindern und ihrer Schwester vor einigen Jahren von Singapur an die Ostküste der USA gezogen. Mehr als 15 000 Kilometer trennen sie nun von ihrer Mutter, ihrem Bruder und dessen Familie in der Heimat. Per Videotelefonie über das Internet halten sie zueinander Kontakt: In dem Moment, in dem das Bild der anderen sichtbar wird, scheint die tatsächliche Entfernung zu schwinden. Fast wirkt es so, als wären alle im selben Raum versammelt. Die vertrauten Gesichter zu sehen, ihre Stimmen zu hören, von ihrem Alltag zu erfahren, vermittelt eine besondere Nähe – und belebt so immer wieder aufs Neue das Gefühl, zusammenzugehören, füreinander da zu sein. ◊

GEO Panorama-Kalender: Der Blick ins Weite

Rio de Janeiro bei Nacht, die bizarren Karstberge in Chinas Guilin-Nationalpark, das steinerne Figurenspalier auf der Osterinsel, die Victoria Falls in Sambia – manche Eindrücke von diesem Planeten sind so groß, so gewaltig, dass sie sich jedem Kleinbild schlicht verweigern. Sie wollen blickfüllend gesehen sein: im Panorama-Großformat.

Format: 137x60 cm; Best.-Nr.: G729113; Preise: € 99,99 (A) / CHF 104.00 (CH)

€ 99,99

Vorteilspreis für Abonnenten:
€ 89,99

GEO Edition: Extreme Natur

Die Landschaften, denen sich George Steinmetz mit der Kamera nähert, sind immer extrem wild, extrem anders und von extremer Schönheit. Extrem auch sein Blickwinkel: Der New Yorker fotografiert zumeist von oben, aus der Luft. Das azurblaue Meer vor Mosambik, Felsen im Wüstensand, stille Inseln in Lappland: zwölf Ansichten zum Davonschweben.

Format: 70x60 cm; Best.-Nr.: G729116
Preise: € 69,99 (A) / CHF 73.00 (CH)

€ 69,99

Vorteilspreis für Abonnenten:
€ 61,99

GEO Klassiker-Kalender: Traumpfade

Zwölf Bilder dieser Welt, und auf jedem ist der Weg das Ziel. Die Pfade in diesem Kalender führen über Wildwasser in Kroatien, über die Sanddünen der chinesischen Wüste Badain Jaran, durch japanische Gärten, durch das moosgrüne Land auf der Isle of Skye oder durch verschneite Wälder in der Mongolei – kurz: durch Gegenden, in denen unsere Welt noch traumhaft schön ist.

Format: 60x55 cm; Best.-Nr.: G729117
Preise: € 49,99 (A) / CHF 52.00 (CH)

€ 49,99

Vorteilspreis für Abonnenten:
€ 44,99

Diese und viele weitere Kalenderbilder unter: **www.geoshop.de/weihnachten**

GEO SAISON Panorama-Kalender: Meeresweiten

In der Blauzone der Schöpfung: Zum gläsernen Spiegel ist das große Blau rund um Ostgrönland erstarrt. Über den Lofoten inszeniert sich der Himmel genauso dramatisch wie der eiskalte Ozean, und die Calanques, die Fjorde vor dem südfranzösischen Städtchen Cassis, verleihen der lieblichen Mittelmeerszenerie einen Hauch von felsiger Schroffheit. Der Panoramakalender weckt ozeanische Gefühle mit mehr als einen Meter breiten Fotografien von den schönsten Meereslandschaften dieser Welt.

Format: 120x50 cm; Best.-Nr.: G729120; Preise: € 99,99 (A) / CHF 104.00 (CH)

€ 99,99

Vorteilspreis für Abonnenten:

€ 89,99

GEO SAISON: Deutschland

Die märchenhafte Reise führt von Rügens Kreidefelsen bis in die Alpen: Wie die Jahreszeiten die schönsten Seiten deutscher Landschaften hervorzaubern, zeigt dieser Kalender. Da wogt bei Güstrow eine Wiese mit Klatschmohn, eine Almhütte badet im Morgenlicht, und Nebel macht aus dem Elbsandsteingebirge eine geheimnisvolle Schönheit.

Maße: 50x45 cm; Best.-Nr.: G729122
Preise: € 29,99 (A)/CHF 31.00 (CH)

€ 29,99

Vorteilspreis für Abonnenten:

€ 25,99

GEO Ausmalbuch „Die faszinierende GEO-Welt"

Indische Saris und andalusische Mosaike, schillernde afrikanische Stoffe und magische Totems aus Ozeanien: Inspiriert durch die Kulturen aus aller Welt können Sie die Bilder nach Ihrem Geschmack ausmalen. Mit diesen 60 Fotos zum Genießen und 60 Bildern zum Ausmalen entdecken Sie 120 Gelegenheiten, um zu staunen und kreativ zu werden.

Format: 22x33 cm; 128 Seiten; Best.-Nr.: G729159
Preise: € 13,40 (A) / CHF 16.90 (CH)

€ 12,99

Oder per Telefon bestellen unter +49 (0)40/422 36 427 (Bitte Aktionsnr. G00120 angeben)

Vater und Sohn – einander auch durch gleiche Tätowierungen verbunden. Seit Jahren beschäftigt sich David Hilliard mit der Dynamik

Der ewige Bund

von Familienbeziehungen. Seine aus Einzelfotos zusammengesetzten Werke sollen das Verhältnis der Abgebildeten zueinander erzählen

Text: UTE EBERLE; Fotos: DAVID HILLIARD

Unsere Eltern prägen uns fürs Leben. Bewusst und unbewusst bestimmen sie, welche Werte und Ziele wir uns setzen und was uns im Leben wichtig ist. Doch wie weit reicht dieser Einfluss? Und kann man sich ihm auch entziehen?

A

An einer heißen Quelle im Nordwesten Japans steht seit fast 1300 Jahren ein Hotel. Das „Houshi Ryokan" wurde der Überlieferung zufolge im Jahr 718 eröffnet. Seither wird es von einer einzigen Familie geführt. Der derzeitige Besitzer heißt Zengoro Houshi, er ist der 46. Nachkomme des Gründers. Er hat eine Tochter, Hisae Houshi.

Hisae hat studiert, ihr steht die Welt offen. Doch sie weiß, wie ihre Zukunft aussehen wird. Hisae wird im Houshi Ryokan arbeiten und leben und aller Voraussicht nach einen Mann heiraten, den die Eltern für sie auswählen. Jemanden, der bereit ist, dem Hotel sein Leben zu widmen. Und falls sie einen Sohn zeugen, wird er Zengoro heißen, wie ihr Vater und alle (ausnahmslos männlichen) Hotelbesitzer vor ihm.

Wir kennen so etwas sonst fast nur noch von europäischen Königshäusern: dass die Zukunft eines Kindes von der Familie festgeschrieben wird, dass Eltern wichtige Lebensentscheidungen der Nachkommen diktieren.

Und es mutet altmodisch, überkommen, ja geradezu exotisch an.

Dabei ist unsere eigene Lebenswirklichkeit gar nicht so weit davon entfernt. Sippen wie die der Houshi fallen zwar auf, weil ihr Leben seit Jahrhunderten starr, formalisiert und öffentlich sichtbar ist. Doch für uns alle gilt, dass wir in einem Kraftfeld aus Werten, Erwartungen und Grundeinstellungen leben, das von den Eltern auf ihre Kinder übertragen wird. Wir machen uns das nur häufig nicht bewusst.

Forscher haben beispielsweise beobachtet, dass der Ort, an dem wir aufwachsen, recht genau vorgibt, wo wir leben, wenn wir selbstständig werden.

So liegt in Deutschland die erste eigene Wohnung, die ein junger Mensch bezieht, in mehr als der Hälfte der Fälle weniger als zehn Kilometer vom Elternhaus entfernt. Jeder Vierte kann Vater und Mutter sogar zu Fuß besuchen, denn er wohnt im Umkreis von höchstens zwei Kilometern.

Nicht wenige Menschen ergreifen zudem den gleichen Beruf wie Mutter oder Vater. Oder sie übernehmen, wie bei der Familie Houshi, gleich ganz den elterlichen Betrieb.

Selbst bestimmte Verhaltensmuster werden offenbar von Generation zu Generation weitergegeben – sei es, dass sich eine Frau in schwierigen Lebenslagen stets mit „Migräne" ins Bett zurückzieht, wie einst ihre Mutter und deren Mutter. Sei es, dass ein verurteilter Gewalttäter Onkel und Brüder hat, die ebenfalls im Gefängnis sitzen.

Das liegt unter anderem wohl am Erbgut. Denn die genetischen Anlagen, die wir von Vater und Mutter erhalten, legen etliche individuelle Eigenschaften bereits vor der Geburt zu einem gewissen Teil fest – etwa, wie jähzornig wir schon bei kleinen Anlässen reagieren oder wie schnell unsere Auffassungsgabe ist.

Welche dieser Veranlagungen aber aufblühen und welche unterdrückt werden, das wird vor allem durch all das beeinflusst, was wir im Elternhaus erleben. Es formt unsere Erwartungen davon, wie die Welt beschaffen ist. Wie man sich in ihr verhalten sollte.

Da wir als hilflose Wesen ohne jegliche Kenntnisse geboren werden, müssen wir uns alle Fähigkeiten in den Jahren des Heranwachsens vor allem von den Eltern abschauen. Wir imitieren ihre Sprache, ihre Gesten, verinnerlichen ihre Normen und Vorstellungen.

Doch obwohl all das so selbstverständlich erscheint, rätselten Forscher lange Zeit darüber, welche Kindheitserfahrungen uns noch als Erwachsene prägen und welche durch andere Erlebnisse gleichsam überschrieben werden.

Denn niemand reift ja zu einem exakten Ebenbild seiner Eltern heran. Vielmehr werden wir – bei aller Ähnlichkeit zu Mutter und Vater – nach und nach zu selbstständigen, individuellen Persönlichkeiten, die sich immer weiter von ihrer Herkunft entfernen.

Mutter und Kind sind in den ersten

Wo beginnt er also, der elterliche Einfluss? Wo endet er? Welche Eigenschaften und Fähigkeiten geben Mutter und Vater uns mit auf den Weg? Und vor allem: Welche ihrer Verhaltensweisen hinterlassen welche Spuren in uns?

Um das herauszufinden, haben Wissenschaftler Tausende Familien beobachtet und befragt. Sie haben Lebensläufe verfolgt und Schicksale nachgezeichnet. Und sie haben eindeutige Belege dafür gefunden, dass Mütter und Väter bei der Erziehung ihrer Kinder sehr unterschiedliche Rollen einnehmen.

Sie sind wie zwei entgegengesetzte Pole, die einerseits auf je eigene Weise ein Kind prägen und andererseits auch gemeinsam eine Wirkung entfalten.

Was die Forscher aber überrascht hat, ist die Tatsache, dass diese Rollenmuster zwar meist an ein Geschlecht gebunden sind – aber eben nicht immer:

Lebensjahren des Nachwuchses meist aufs Engste verbunden. Die große Nähe führt mitunter zu besonders heftigen Konflikten

• So übernimmt die Mutter in der Regel eine besonders fürsorgliche Rolle, pflegt und nährt das Kind, geht zärtlich mit ihm um und flößt ihm so Vertrauen ein – doch sie vermittelt auch Ideale, Wünsche und Normen.

• Der Vater erfüllt meist einen herausfordernden Part. Er stärkt Selbstbewusstsein, Können und Motivation eines Kindes. Sein stetiges Fordern kann allerdings auch zur Last werden.

• Das Zusammenspiel von Mutter- und Vaterrolle entfaltet eine dritte Kraft: Gemeinsam leben die Eltern dem Kind eine Wirklichkeit vor, die oft noch Jahrzehnte später seine Vorstellung von Zwischenmenschlichkeit bestimmt.

Die Macht der Eltern mag für jeden unterschiedlich sein. Doch uns allen ist gemein: Mutter und Vater sind ein Teil von uns – ob wir es nun wollen oder nicht.

I. Die Mutter

Unsere erste große Liebe

Wie das Ausmaß ihrer Fürsorge unser Weltbild prägt, weshalb wir uns oft unbewusst nach ihren Erwartungen richten – und warum ihre Zuwendung nicht unentbehrlich ist

In Lebensjahren bemessen, hat der Einfluss einer Mutter nie zuvor in der Menschheitsgeschichte länger angehalten als heutzutage. Im Durchschnitt wird eine Frau in Deutschland etwa 82 Jahre alt. Viele Mütter können ihre Kinder damit von der Geburt bis zu deren Ruhestand begleiten.

Und der Kontakt bleibt oft bis zum Schluss eng. Eine Befragung von mehr als 400 Deutschen zwischen 14 und 59, die nicht mit ihrer Mutter zusammenleben, ergab, dass gut zwei Drittel mindestens einmal pro Woche mit ihr telefonieren. Rund ein Drittel sogar täglich.

So verwundert es nicht, dass Mütter im Vergleich zu anderen Angehörigen in der Regel den längsten und stärksten Einfluss auf die körperliche und geistige Entwicklung ihres Nachwuchses haben.

Das beginnt schon, bevor ein neuer Mensch überhaupt auf die Welt kommt: während der Schwangerschaft. Also in jener Zeit, in der mütterlicher und kindlicher Organismus noch aufs

Was wir als besonders weiblich oder männlich empfinden, ist nur zum Teil angeboren, vieles dagegen erlernt – und zwar

Engste miteinander verbunden sind. In der sie neun Monate lang gewissermaßen eine Einheit bilden, gemeinsam durch die Welt gehen, körperlich und psychisch aufeinander einwirken.

Denn die Gebärmutter der Frau, in der ein Embryo nach der Zeugung heranwächst, ist keineswegs eine hermetisch abgeschlossene Welt. Vielmehr gelangen etwa Geräusche von außen durch die Bauchdecke an das Ohr des reifenden Kindes. Zudem vermag es den Geschmack der Speisen wahrzunehmen, die seine Mutter verzehrt, da Aromen und Nährstoffe den kindlichen Körper über das Fruchtwasser erreichen, in Nase und Mund strömen.

Andere Stoffe greifen in die Entwicklung des Fötus ein, indem sie auf komplexe Weise bedingen, welche seiner genetischen Veranlagungen ausgeprägt und welche unterdrückt werden.

So können seelische Belastungen Spuren im reifenden Gehirn des Kindes hinterlassen. Stirbt etwa der Partner einer Frau während der Schwangerschaft, beeinflussen vermutlich die im Mutterkörper freigesetzten Stresshormone die Gehirnentwicklung des Kindes, machen es anfälliger für bestimmte psychische Leiden wie Ängste, Depression oder Schizophrenie und mindern seine späteren kognitiven Leistungen.

Ebenso wie die geistige Entwicklung wird auch der Stoffwechsel des Babys von der Mutter geprägt. Ist sie etwa übergewichtig, wirkt der dauerhaft erhöhte Blutzuckerspiegel vermutlich so auf die Körperfunktionen ihres Kindes, dass es später im Leben mit einer gewissen Wahrscheinlichkeit selbst übergewichtig wird. Dadurch erhöht sich zugleich auch sein Risiko für Diabetes, Bluthochdruck und Herzkrankheiten.

Auch der Mangel an bestimmten Nährstoffen kann langfristige Folgen haben: Steht im Körper einer Schwangeren beispielsweise zu wenig Vitamin D zur Verfügung, erhöht sich das Risiko, dass das Kind in ihrem Bauch Jahrzehnte später Osteoporose entwickelt.

Auf diese Weise formt die Mutter schon früh Gesundheit, Psyche und Intelligenz des Kindes. Ihr Einfluss hält aber auch nach der Geburt an, denn meist ist sie diejenige, die den Nachwuchs anfangs Tag und Nacht versorgt.

Damit ist sie die früheste Bezugsperson des Babys. Gewissermaßen die erste Repräsentantin des Lebens, auf die ein Säugling trifft. Durch ihr Verhalten erzeugt sie beim Kind eine Vorstellung davon, wie die Welt beschaffen ist.

Man könnte sagen: Das Baby schließt unbewusst von dem, was es mit

maßgeblich von der Mutter

seiner Mutter erlebt, auf das, was es von anderen Menschen erwarten kann.

So vermittelt beispielsweise eine liebevolle, zugewandte und verlässliche Mutter dem Kind ein Grundvertrauen in seine Mitmenschen, das es oft auch später im Leben über viele Alltagsschwierigkeiten hinwegzutragen vermag. Forscher sprechen in diesem Fall von einer „sicheren Bindung".

Diese Art der Bindung kann sich besonders gut ausprägen, wenn die Mutter häufig innigen Körperkontakt mit dem Kind hält, ihm viel Aufmerksamkeit schenkt und stets auf seine Kommunikationsversuche eingeht: auf Blickkontakt, Lächeln – oder auch Schreien.

Hält eine Mutter dagegen physisch und emotional eine gewisse Distanz (ohne das Kind dabei unbedingt zu vernachlässigen), kann dies zu einer Bindung führen, die Psychologen als „unsicher-vermeidend" bezeichnen. Schon das Kleinkind gewöhnt sich dann daran, auf innigen Kontakt mit der Bezugsperson – in der Regel also mit der Mutter – zu verzichten. In der Folge hat es oft noch als Erwachsener Schwierigkeiten, Vertrauen zu anderen Menschen zu fassen und sich ihnen vorbehaltlos zu öffnen. Es klammert sich dann mitunter sein Leben lang an den Glaubenssatz: Ich brauche niemanden.

Gleich mehrere Studien haben ergeben, dass Kinder mit unsicher-vermeidender Bindung in Deutschland häufiger vertreten sind als anderswo.

Die Ursache vermuten die Forscher darin, dass viele deutsche Mütter ihre Kinder schon früh zur Selbstständigkeit drängen. Das kann sich etwa darin äußern, dass die Mutter von Beginn an wenig körperliche Nähe mit dem Kind sucht, es bald schon in seinem eigenen Bettchen schlafen lässt, eher sachlich als emotional mit ihm spricht.

Dass deutsche Mütter im Vergleich zu jenen in anderen Ländern als übervorsichtig und eher kontrollfixiert gelten, steht dazu nur scheinbar im Widerspruch: Entsprechende Verhaltensweisen resultieren möglicherweise ihrerseits aus einem Mangel an Vertrauen zwischen Mutter und Kind. Sie tragen zudem wenig dazu bei, die Bindung zu festigen. Auch wenn die Kinder älter werden, in die Kita, die Schule gehen, bleibt die Mutter meist die wichtigste Bezugsperson. Ihr Vorbild und ihre Erwartungen beeinflussen nun konkret die Vorstellungen und Ideale, die sich im kindlichen Geist formen.

Früher glaubten Psychologen, **mangelnde Mutterliebe könne zu Autismus führen**

Denn meist ist die Mutter diejenige, die Spielzeug kauft, Bilderbücher auswählt, Kleidung anschafft. In einer Phase, in der Kinder ihr Selbstbild entwickeln, bestimmt sie maßgeblich, ob etwa eine Tochter Geschichten über Prinzessinnen oder Geheimdienstagentinnen liest. Oder ob ein Junge eine Puppenküche oder ein Ritterschwert auf dem Geburtstagsgabentisch findet.

Sie ist es aber auch, die vielleicht demonstrativ Diätjoghurt in den Kühlschrank stellt. Oder eine heranwachsende Tochter lobt, weil sie „so schön schlank" ist.

Viele Forscher sind davon überzeugt, dass Signale dieser Art langfristige Folgen haben. Dass sie beispielsweise mit dazu beitragen, dass sich eine Frau später als Versagerin fühlt, wenn die Waage ein paar Pfund zu viel anzeigt. Oder dass ein erwachsener Sohn den Kauf eines Autos wie selbstverständlich für Männer-, das Kochen dagegen für Frauensache hält.

Doch obwohl der Einfluss einer Mutter auf die geistige Entwicklung ihres Kindes über einen langen Zeitraum zentral ist, ist sie nicht so unentbehrlich, wie man früher dachte. Bis in die 1970er Jahre waren viele Psychologen beispielsweise davon überzeugt, dass ein Kind zum Autisten werden könne, wenn seine Mutter zu wenig Körperkontakt mit ihm hat oder sie es nicht schnell genug tröstet, wenn es weint.

Die ständig verfügbare Liebe der Mutter, so glaubte man, sei überlebenswichtig für die reifende Kinderseele.

Solche Theorien gelten mittlerweile als widerlegt. Zwar ist unbestritten, dass ein heranwachsendes Kind für seine Entwicklung viel Zuwendung und Zärtlichkeit braucht. Jedoch nicht zwingend rund um die Uhr von der Mutter.

So belegen mittlerweile etliche Studien, dass schon Kleinkinder gut damit zurechtkommen, wenn ihre Mütter arbeiten gehen. Und dass es für die spätere Entwicklung kaum eine Rolle spielt, wie viele Stunden am Tag ein Sprössling mit seiner Mutter verbringt – vorausgesetzt, sie nutzt die zur Verfügung ste-

Das Verhältnis zwischen Vater und Sohn ist immer dann spannungsreich, wenn der Ältere den

hende Zeit, um die intensive Beziehung mit dem Kind zu festigen.

Andere Bezugspersonen können zudem ebenso fürsorglich sein, die Mutterrolle ergänzen. In vielen Teilen der Erde, etwa in Afrika, ist es bis heute üblich, dass mehrere Menschen kleine Kinder umsorgen. Ganz selbstverständlich werden schon Säuglinge von der Mutter zur Pflege an andere Frauen weitergereicht, etwa an Schwestern.

Doch auch in modernen Industriegesellschaften, in denen traditionelle Strukturen wie die Großfamilie oder die Dorfgemeinschaft ihre Bedeutung weitgehend eingebüßt haben und die Erziehung eher als individuelle Aufgabe begriffen wird, gehen Kinder oft enge Bindungen zu mehr als einem Menschen ein. Das kann die Großmutter sein, aber auch eine feste Tagesbetreuerin.

Und natürlich: der Vater.

II. Der Vater

Rivale und Identifikationsfigur

Weshalb seine Autorität heutzutage schwindet, seine Söhne seltener gegen ihn rebellieren – und warum vaterlos aufwachsende Töchter früher die Pubertät erreichen

Ernährer, Beschützer, Autoritätsperson: Mit diesen Stereotypen wurde lange Zeit die Rolle des Vaters beschrieben. Im Beziehungsgeflecht der Familie selbst hingegen galt er allenfalls als Randfigur.

Die tägliche Versorgung der Kleinen und die emotionale Hingabe an den Nachwuchs wurden als ausschließliche Domänen der Mutter betrachtet.

Lange Zeit glaubten auch Psychologen und Erziehungsexperten nicht daran, dass ein Vater starken Einfluss auf die Entwicklung seiner Kinder nimmt. Die Frage, auf welche Weise er emotional in das Familienleben eingebunden ist, stellten sie zumeist gar nicht.

Doch inzwischen hat sich die Einstellung vieler Männer zu Familie und Vaterschaft verändert. In Deutschland sehen sich zwei Drittel der Väter nicht mehr nur als Brotverdiener. Und auch die Forscher richten ihre Aufmerksamkeit zunehmend auf die Erzeuger – und ihre nun deutlich emotionalere Rolle im Herzen der Familie.

Jüngeren als sein Ebenbild betrachtet, ihm seinen eigenen Lebensweg aufzwingen will

Die neue Fürsorglichkeit der Männer deutet sich mitunter schon vor der Geburt eines Kindes an. Manche Väter durchleben eine Art „Parallelschwangerschaft“ und zeigen ähnliche Symptome wie ihre Partnerin: Gewichtszunahme, morgendliche Übelkeit, Stimmungsschwankungen oder Rückenschmerzen.

Studien zeigen zudem, dass sich bei Vätern der Hormonhaushalt des Körpers verändert. So untersuchte etwa ein Team kanadischer Psychologen und Biologen Paare, die gemeinsam einen Geburtsvorbereitungskurs absolvierten.

Die Forscher zapften den Männern Blutproben vor und nach der Geburt ab und verglichen sie miteinander. Das Ergebnis: Bei werdenden Vätern nahm gegen Ende der Schwangerschaft der Partnerin die Menge des Hormons Prolaktin zu. Beim weiblichen Geschlecht stimuliert es das Wachstum der Brustdrüsen und die Milchabgabe nach der Geburt. Bei Männern löst es, so eine Vermutung, fürsorgliches Verhalten aus.

In der ersten Zeit nach der Geburt lag zudem der Pegel des männlichen Sexualhormons Testosteron, das unter anderem aggressives Verhalten fördert, um ein Drittel niedriger als zuvor.

Die Veränderung des väterlichen Hormonhaushalts tritt vermutlich vor allem dann ein, wenn der Mann während der Schwangerschaft eine enge Beziehung mit seiner Partnerin führt und unmittelbar nach der Geburt intensiven Kontakt mit dem Säugling pflegt.

Der Nachwuchs jedenfalls profitiert davon, wenn Väter sich für die kleinen Wesen engagieren. Schon Babys verhalten sich anders, wenn ihr Erzeuger sich um sie kümmert: Eine Studie mit Familien in Israel zeigte, dass sechs Monate alte Kinder nachts friedlicher schlafen und seltener aufwachen, wenn der Partner der Mutter von Anfang an bei der Pflege hilft.

Untersuchungen haben auch ergeben, dass die Söhne und Töchter engagierter Väter tendenziell eine höhere soziale Kompetenz entwickeln als der Nachwuchs wenig präsenter Erzeuger. Sie verfügen über eine bessere Selbstkontrolle, sind einfühlsamer und bei Altersgenossen beliebter, auch sind ihre Leistungen in der Schule und später im Studium im Durchschnitt besser.

Zum Teil liegt das vermutlich daran, dass Väter ihre Kinder mehr fordern. Beispielsweise reden sie mit den Kleinen schon früh eher wie mit Erwachsenen und konfrontieren sie dabei mehr als die Mutter mit neuen Wörtern.

Und sie toben waghalsiger. Der Vater wirft die jauchzenden Kleinen hoch in die Luft. Oder er lockt sie, über

Stärker als Mütter fordern männliche Bezugspersonen Kinder heraus: An Aufgaben, bei denen die Kleinen Mut oder Selbstvertrauen

einen Baumstamm zu balancieren, was sie sich sonst nicht zugetraut hätten.

Das endet zwar manchmal in Tränen. Aber der Vater verschafft seinen Kindern so auch Gelegenheit, zu lernen, wie man Angst überwindet und Selbstvertrauen gewinnt. Im besten Fall lässt dies im Kind die Überzeugung reifen, das Leben aus eigener Kraft heraus meistern zu können.

Und der Einfluss engagierter Väter wirkt offenbar lange nach. Noch als Erwachsene sind ihre Nachkommen überdurchschnittlich zufrieden und ausgeglichen, zeigen Studien.

Wachsen Kinder dagegen vaterlos auf, entwickeln sie öfter Verhaltensprobleme und kommen zum Teil schlechter mit Altersgenossen zurecht. Sie sind schon in der Kindheit häufig weniger leistungsbereit, haben Schwierigkeiten, sich zu motivieren. In der Folge sind sie als Erwachsene tendenziell schlechter ausgebildet und öfter arbeitslos.

Sobald die Kleinen älter werden, verändert sich der väterliche Einfluss, je nachdem, ob es sich um ein Mädchen oder einen Jungen handelt.

Eine Tochter wird vom Vater in ihrer sexuellen Entwicklung geprägt: Lebt sie mit ihm in einem Haus, wird sie später geschlechtsreif. Forscher vermuten, dass spezielle Duftstoffe, die der Vater verströmt, bestimmte biologische Prozesse im Körper der Heranwachsenden bremsen.

Vaterlos aufwachsende Töchter haben dagegen früher ihre erste Menstruation, sind eher sexuell aktiv und bekommen deshalb deutlich häufiger schon in jungem Alter eigene Kinder.

Auch die spätere Partnerwahl beeinflusst der Vater maßgeblich: Kümmert er sich in der Kindheit liebevoll um seine Tochter und verbringt viel Zeit mit ihr, wird sie als Erwachsene wahrscheinlich einen Mann bevorzugen, der ähnliche Gesichtszüge aufweist.

Das jedenfalls schließen Forscher unter anderem aus einer Untersuchung in Polen. Die Wissenschaftler ließen Frauen aus Fotos von Männergesichtern ihren Favoriten auswählen – und verglichen dessen Züge jeweils mit dem Antlitz des Vaters der Probandin.

Zudem fragten sie die Frauen nach ihrem Verhältnis zum Vater in den ersten sieben Lebensjahren. Dabei zeigte sich: Jene Probandinnen, die von überdurchschnittlich positiven Kindheitserfahrungen berichteten, hatten zumeist ein Männergesicht bevorzugt, das dem Aussehen nach ihrem eigenen Vater ähnelte.

Darüber hinaus dient der Vater, so Psychologen, als Vorbild, an dem eine

beweisen müssen, wachsen sie

Tochter zum ersten Mal lernt, wie sich das andere Geschlecht verhält. Je nachdem, ob ihr der eigene Vater mit Liebe, Aufmerksamkeit, Geduld und Verständnis begegnet oder sich eher missachtend, dominant, launisch oder wenig interessiert gibt, glaubt eine Tochter oft, dass sie später von ihrem Partner Ähnliches erwarten kann.

Seinen Sohn beeinflusst ein Vater ganz besonders. Sogar, wenn er nicht anwesend ist, kann er dessen späteres Verhalten prägen: Männer, deren Erzeuger die Familie schon früh verlassen hat, tendieren eher als andere dazu, die eigenen Kinder ebenfalls allein zu lassen. Ein Vater erscheint ihnen entbehrlich, schließlich sind sie auch so herangewachsen.

Zudem wirkt es sich offenbar bereits negativ aus, wenn der Vater zwar bei seiner Familie lebt, aber oft sehr lange arbeitet. Jungen zwischen fünf und zehn Jahren, deren Erzeuger regelmäßig mehr als 55 Stunden pro Woche seinem Job nachgeht, verhalten sich messbar häufiger aggressiv und aufsässig.

Allerdings ist der Grund dafür nicht die kurze gemeinsam verbrachte Zeit. Vielmehr führen vermutlich hohe Arbeitsbelastung und Stress dazu, dass sich die Männer auch in der zur Verfügung stehenden Zeit nicht angemessen auf ihren Nachwuchs einlassen.

Jene Väter hingegen, die bei der Familie bleiben und sowohl physisch als auch mental anwesend sind, dienen ihren Söhnen oft als bevorzugter Spielpartner. Als derjenige, mit dem zusammen sich die Heranwachsenden gerade auch körperlich ausleben und messen können. Und natürlich auch als männliche Identifikationsfigur, als Vorbild, dem der Sprössling nacheifert.

Ein engagierter, einfühlsamer Vater, so das Ideal, begleitet die Entwicklung des Sohnes als eine Art Mentor, ohne selbst zu stark einzugreifen. Er bietet eine Reibungsfläche für jene Aggressionen, die auch schon in frühen Jahren bei dem Jungen aufkeimen, und hilft gleichzeitig, sie zu kanalisieren.

Probleme hingegen entstehen oft, wenn Väter ihren Sohn als Ebenbild betrachten. Manche wollen mit seiner Hilfe gewissermaßen selbst noch einmal Kind sein – und vernachlässigen so die Bedürfnisse des Heranwachsenden.

Oder sie projizieren ihre eigenen Wünsche und unerfüllten Lebensträume auf den Abkömmling. Sie wollen beispielsweise unbedingt erreichen, dass er vielleicht das Studium absolviert, das ihnen selbst verwehrt geblieben ist, oder die Sportlerkarriere vollendet, die sie selbst abgebrochen haben.

Damit aber schränkt der Vater die freie Entfaltung seines Kindes ein. Manche Sprösslinge fügen sich in die ihnen zugedachte Rolle, viele aber wehren sich vehement dagegen – und entscheiden: „So wie mein Vater will ich auf gar keinen Fall werden!"

Die Rebellion des Sohnes gegen seinen Erzeuger, der Wunsch, alles dem übermächtigen Vater genau entgegengesetzt zu machen, galt vielen Psychologen lange Zeit als wichtiger Schritt auf dem Weg vom Kind zum Mann, als unumgänglich gar für die normale Entwicklung und ein selbstbestimmtes Leben als Erwachsener.

Immer wieder ist die Revolte der Söhne gegen die Väter sogar als treibende Kraft hinter kulturellen Fortschritten und gesellschaftlichen Entwicklungen (etwa die der 68er-Bewegung) beschworen worden.

Neuere Untersuchungen lassen allerdings Zweifel aufkommen, ob der Kampf der Generationen unter den männlichen Mitgliedern einer Familie tatsächlich naturgegeben ist. Zwar stellt die Pubertät ihrer Söhne Väter oft auf eine harte Probe: Der Heranwachsende zieht sich zurück, meidet körperlichen Kontakt, heftige Streitigkeiten mit dem Vater nehmen zu.

Vielen Vätern gelingt es heute, ihren Söhnen **ein einfühlsamer Mentor zu sein**

Groß angelegte Studien in Deutschland kommen gleichwohl zu dem Ergebnis, dass die meisten Jugendlichen heutzutage ein gutes, vertrauensvolles Verhältnis zu ihrem Erzeuger haben. Offenbar gelingt es einer wachsenden Zahl Väter, sich von überholten Autoritätsvorstellungen zu lösen und den Nachwuchs behutsam durchs Leben zu begleiten.

Im Gegensatz zu früher engagieren sich also mehr und mehr Väter aktiv in ihrer Familie, statt eine Randfigur zu bleiben. Sie wollen endlich zu den Müttern aufschließen – und zu gleichen Teilen gute Eltern sein.

III. Die Eltern

Die Kraft des Gemeinsamen

Wie aus einem Paar eine Familie wird, weshalb das klassische Beziehungsmodell nicht zwingend das einzig richtige ist – und wie Alleinerziehende einen fehlenden Elternteil zu ersetzen vermögen

Die US-Familientherapeutin Virginia Satir brachte eine Erkenntnis ihrer jahrelangen Praxis einmal auf folgende Formel: „Paare sind die Architekten der Familie."

Denn deren Ursprung bildet die individuelle Zweierbeziehung zwischen Mann und Frau, die „Dyade" (von griech. *dýo*, zwei). Mit jedem Kind kommen weitere Dyaden hinzu – nämlich die Verbindungen von Vater und Mutter zu jedem der Heranwachsenden sowie die Beziehungen der Geschwister untereinander.

Das Verhältnis, in dem Mutter und Vater wiederum gemeinsam mit jedem ihrer Kinder stehen, ist die „Triade".

Wissenschaftler an der University of California in Los Angeles haben versucht herauszufinden, wie dieses Geflecht aus Dyaden und Triaden zusammenlebt. Dazu filmten sie über einen Zeitraum von vier Jahren immer wieder 32 Familien, jeweils mit zwei oder drei Kindern, Vater und Mutter beide berufstätig. Die Forscher dokumentierten in jedem Haushalt, wie die Eltern Pausenbrote schmierten, ihre Kinder umarmten und schimpften oder mit ihnen um das Zubettgehen feilschten.

Nähe und Distanz, Konflikte und Liebe – all **das wird von den Erwachsenen vorgelebt**

Eine ihrer auffälligsten Erkenntnisse: Zwischen Arbeit, Einkaufen, Kochen, Aufräumen, Wäschewaschen, Arztbesuchen und etlichen anderen Alltagsaufgaben verbrachten die Erwachsenen kaum Zeit zusammen als Paar.

In weniger als zehn Prozent aller aufgezeichneten Situationen hielten sich beide gleichzeitig in einem Raum ihres Hauses auf, ohne dass ein Kind anwesend war. Und selbst dann ging oft jeder für sich einer Aktivität nach oder die zwei erledigten gemeinsam Hausarbeit.

Deutlich häufiger beobachteten die Forscher, dass sich beide Elternteile gleichzeitig in verschiedenen Räumen allein aufhielten – ohne Kinder, aber auch ohne den anderen.

Weitere Studien kommen zu dem Ergebnis, dass Partner, die Kinder bekommen, tendenziell unglücklicher miteinander werden. Sie reden seltener, haben weniger Sex und streiten häufiger als kinderlose Paare. Ihre Aufmerksamkeit verlagert sich. Eine Untersuchung ergab, dass Mütter in den ersten Wochen nach der Niederkunft 14 Stunden am Tag ihre Gedanken auf das Baby fokussieren – den Großteil ihrer wachen Zeit also. Bei Männern sind es immerhin sieben Stunden.

Das mag zunächst sogar sinnvoll erscheinen. Wer weniger Energie in den Partner investiert, kann mehr Aufmerksamkeit auf das Kind richten, auch um den Preis, dass die Liebesbeziehung darunter leidet. Jedoch: Forscher stellen fest, dass das langfristige Wohlergehen von Menschen auch davon abhängt, wie gut sich ihr Vater und ihre Mutter als Paar verstanden.

Mehr noch: Wie glücklich die Eltern miteinander sind, beeinflusst sehr, wie sie ihre Kinder behandeln. Gerade Väter neigen dazu, sich aus der Nachwuchspflege zurückzuziehen, wenn sie mit der Mutter hadern. Sie engagieren sich weniger – mit den damit verbundenen Nachteilen für Söhne und Töchter.

Von Vätern und Müttern, die sich beide

Ist dagegen eine Mutter mit der Beziehung unzufrieden, versucht sie manchmal, die Kinder als Verbündete gegen den Vater zu mobilisieren. Oder sie macht ihren Sohn zu einer Art emotionalem Partnerersatz, drängt ihn etwa in die Rolle eines Beschützers und Verehrers. Einer Tochter wird mitunter gar die Funktion als Vertraute, als Freundin aufgezwungen: Die erwachsene Mutter sucht dann gewissermaßen Halt bei einem kleinen Mädchen.

Solche Verhaltensweisen bleiben nach außen hin oft unauffällig und mögen weniger folgenschwer erscheinen

engagieren, ohne miteinander zu konkurrieren, lernt ein Kind besonders gut, was Gemeinschaft und der Umgang mit anderen bedeuten

als etwa Vernachlässigung oder psychische Gewalt. Gleichwohl sind auch sie Formen emotionaler Misshandlung und belasten die Seele eines Kindes in manchen Fällen bis ins Erwachsenenalter, trüben sein Selbstbewusstsein. In jedem Fall wird der Sprössling überfordert und in seiner individuellen, altersgemäßen Entwicklung eingeschränkt.

Im Gegensatz dazu können Eltern, die eine hohe „triadische Kompetenz“ aufweisen – also ihre Familie nicht nur als Summe von Zweierbeziehungen begreifen, sondern Probleme gemeinschaftlich mit Partner und Kind lösen – ihrem Nachwuchs einen besonders guten Start ins Leben gewähren.

Ein Forscherteam um den deutschen Kinder- und Jugendpsychiater Kai von Klitzing hat diese Fähigkeit in einer Studie an 120 Eltern über neun Jahre hinweg dokumentiert. Schon vor der Geburt des ersten Kindes ermittelten die Wissenschaftler mithilfe von Interviews, in welchem Maße sich die werdenden Väter und Mütter ihre zukünftige Familie als Triade vorstellen konnten.

Bei nachfolgenden Untersuchungen ergab sich unter anderem, dass Kinder von Eltern, die in der Befragung besonders gut abgeschnitten hatten, als Babys besser schliefen, im Kindergartenalter weniger aggressives Verhalten zeigten und mit neun Jahren gegenüber Altersgenossen überdurchschnittlich hohe soziale Kompetenzen besaßen.

Mutter und Vater, so das Fazit der Forscher, können ihre individuellen Stärken offenbar vor allem dann einbringen, wenn sie das Familiengeflecht als Dreierbeziehung gestalten – und nicht als nebeneinander bestehende, möglicherweise konkurrierende Elternteil-Kind-Dyaden.

Zudem geben die Eltern ihren Nachkommen auch bestimmte Verhaltensweisen als Paar mit auf den Weg. Am Beispiel von Mutter und Vater beobachten Kinder in der Regel zum ersten Mal, wie sich eine Beziehung zwischen Erwachsenen gestaltet. Wie die Wünsche des einen gegen die Ansprüche des anderen abgewogen werden. Wie man streitet und sich versöhnt. Was Kompromisse ausmacht.

All dies wird einem Kind zu Hause vorgelebt. So erwirbt ein junger Mensch im Idealfall genau jene Fähigkeiten, die ihm als Erwachsener helfen, eigene Beziehungen zu führen und zu erhalten. Bei Söhnen und Töchtern aus gescheiterten Ehen besteht dagegen eine deutlich erhöhte Wahrscheinlichkeit, dass sie sich später auch scheiden lassen.

In der Regel, so sind sich Entwicklungspsychologen einig, profitiert ein Kind davon, zwei unterschiedliche Bezugspersonen zu haben, die es auf jeweils eigene Weise begleiten und ihm zugleich demonstrieren, wie Zusammenleben funktioniert.

Doch das müssen nicht zwingend zwei leibliche Elternteile oder zwei Menschen unterschiedlichen Geschlechts sein: In westlichen Industriestaaten ziehen immer häufiger gleichgeschlechtliche Paare gemeinsam Nachwuchs auf. Und allen ernst zu nehmenden Studien zufolge erleiden deren Kinder keine psychischen Schäden – wie von manchen Experten noch immer behauptet wird –, sondern entwickeln sich normal.

Alleinerziehende sind besonders auf Harmonie bedacht **und ziehen deshalb nicht so enge Grenzen**

Ein möglicher Grund: Auch in diesen Familien geht meist ein Elternteil instinktiv eher zärtlich mit den Kindern um, der andere hingegen tobt mehr mit ihnen, fordert sie heraus. Unabhängig vom eigenen Geschlecht übernehmen die Eltern unbewusst Rollen, die in der traditionellen Familie von Mutter und Vater besetzt sind und die ein Kind auf unterschiedliche Weise fördern.

Aber selbst wenn die zwei Mütter oder Väter keine solche konventionelle Rollenverteilung einnehmen, spricht nichts dagegen, dass das Kind trotzdem zu beiden eine sichere Bindung aufbaut. Und ebenso können auch homosexuelle Eltern eine gelungene Paarbeziehung vorleben und triadische Kompetenz entwickeln – solange sie zu zweit sind.

Was aber ist mit jenen Heranwachsenden, die nur von einem Elternteil umsorgt werden? Denen das Vorbild elterlicher Beziehungskultur fehlt sowie die Erfahrung der familiären Triade? In Deutschland wachsen mehr als 2,3 Millionen Kinder bei Alleinziehenden auf. Tragen diese Mädchen und Jungen lebenslange Defizite davon?

Sozialforscher, Psychologen und Erziehungswissenschaftler beschäftigt diese Frage bereits seit Jahrzehnten, allgemeine Aussagen sind gleichwohl schwer zu treffen. Es kommt vielmehr auf den Einzelfall an.

Rund ein Drittel der Alleinerziehenden – bei denen es sich in der Regel um Frauen handelt – gehen schnell wieder feste Beziehungen mit neuen Partnern ein und können ihren Kindern damit auch wieder eine triadische Familienkonstellation mit zwei erwachsenen Bezugspersonen bieten. Ein engagierter Stiefvater vermag dem leiblichen Vater dabei durchaus ebenbürtig zu sein.

Auch Elternteile, die längere Zeit als Singles leben, sind in der Erziehung meist nicht gänzlich allein. Sie können vielmehr oft auf unterstützende soziale Netze zurückgreifen.

Verwandte, Freunde oder Nachbarn beteiligen sich beispielsweise an der Betreuung und sind potenzielle Bezugspersonen für die Kinder. Die wenigsten Sprösslinge Alleinerziehender müssen sich also langfristig mit nur einem Erwachsenen begnügen.

Gleichwohl sind die Statistiken eindeutig: Töchter und Söhne alleinerziehender Mütter und Väter nehmen häufiger Drogen, werden eher kriminell, brechen überdurchschnittlich oft die Schule ab oder begehen Selbstmord.

Studien zeigen zudem, dass sie stärker von sozialer Ausgrenzung und Mobbing betroffen sind als Kinder aus Zwei-Eltern-Familien. Ebenso eindeutig ist nach einhelliger Expertenmeinung der wichtigste Grund hierfür: Alleinerziehende sind überdurchschnittlich oft von Armut bedroht.

Der Mangel an materiellen Ressourcen führt zum einen dazu, dass sich die Kinder nicht die gleiche Kleidung oder Smartphones wie Klassenkameraden leisten können, und erschwert es zudem, den Heranwachsenden die angemessene Förderung und Anregung zu bieten – denn für sportliche Aktivitäten oder musikalische Interessen, für Bücher und Nachhilfeunterricht ist oft kaum Geld übrig. Die Situation der Kinder wird häufig auch durch einen Umzug in eine schlechtere Gegend und beengte Wohnverhältnisse schwieriger.

Doch nicht für alle Probleme sind die ökonomischen Bedingungen verantwortlich, auch der Erziehungsstil kann eine Rolle spielen. So haben etwa pubertierende Kinder von Alleinerziehenden oft ein vergleichsweise konfliktarmes Verhältnis zu diesem Elternteil.

Das mag zunächst positiv klingen. Jedoch liegt die Ursache oft darin, dass Alleinziehende besonders auf Harmonie bedacht sind und Auseinandersetzungen vermeiden, statt verbindliche Regeln und Grenzen zu setzen. Damit fehlt dem Heranwachsenden aber die wichtige Erfahrung, in der Familie Spannungen auszuhalten und zu überwinden.

Neben dem Leben mit nur einem Elternteil kann auch die vorausgehende Trennung der Eltern und der damit einhergehende Konflikt Kindern ein Leben lang zur Bürde werden: Es gibt nur wenige, die diese traumatische Zeit vollkommen unbeschadet überstehen.

Denn wenn die „Architekten der Familie" sich entzweien, bricht mehr auseinander als nur ein Paar.

Woher ich stamme? Aus meiner Kindheit stamme ich", lässt der französische Autor Antoine de Saint-Exupéry den Protagonisten eines autobiografischen Romans sagen. Er hat unbestritten recht. Was wir in der ersten Lebensphase an Erbgut und Erfahrungen mitbekommen, stellt Weichen für den Rest unseres Daseins.

Daher ist es ungemein wichtig, unter welchen Umständen wir aufwachsen. Das Elternhaus ist der Ort, an dem ein Mensch erstmals Liebe erfährt – aber manchmal auch Verletzungen erleidet, die er ein Leben lang nicht vergisst. Wo ihm Werte und Verhalten vorgelebt werden.

Hier entscheidet sich, ob er etwa lernt, dass erst Hausaufgaben gemacht werden müssen, bevor gespielt wird.

Selbst wenn Kinder ihre Eltern irgendwann ablehnen, finden sie manchmal später wieder zurück – etwa, wenn einer allein übrig bleibt

Und hier beobachtet er täglich, auf welche Weise die Eltern miteinander umgehen. Etwa, wie sie sich einigen, wenn der Vater im Urlaub an den Strand fahren will, die Mutter aber in die Berge.

Selbst Banalitäten – welche Automarke wir bevorzugen – werden messbar von familiären Vorgaben beeinflusst. Oder wie wir fahren: ob wir Kurven schnittig nehmen oder am Stoppschild dreimal in jede Richtung blicken.

Andere Familien reichen den Hang zur Ängstlichkeit durch die Generationen weiter. Oder eine Abneigung gegen Mathematik. Und wenn die Eltern rauchen, tun das später oft auch die Kinder.

Manchmal rebellieren wir auch gewollt gegen unsere Herkunft. Verweigern etwa die Religion der Eltern, ziehen trotzig in ein fernes Land oder fahren triumphierend einen sportlichen Flitzer statt eines verbrauchsarmen Kleinwagens.

Doch streng genommen reagieren wir auch bei bewusster Ablehnung noch auf die Vorgaben unserer Abstammung: Denn wo wir herkommen, beeinflusst schließlich, wohin wir streben.

Die Versuchung liegt deshalb nahe, die Ursache für jeden Glücksmoment und jeden Fehlschlag im Leben, ja für jede Facette unserer Persönlichkeit in der Kindheit zu suchen. Der Drang, das Gestern mit dem Heute in Einklang zu bringen, kann jedoch zu trügerischen Schlussfolgerungen führen, warnen Psychologen. Seit Langem ist bekannt, dass sich Menschen selten akkurat an die Vergangenheit erinnern. Vielmehr neigen wir dazu, vor allem an solche Dinge zurückzudenken, die uns in einer vorgefassten Meinung bestätigen.

Sind wir etwa zu dem Schluss gekommen, dass die Mutter stets missgelaunt war, unterschlägt das Gehirn Andenken an Momente, in denen sie lachte. Oder wir verehren den toten Vater als unternehmungslustig und wertschätzend und vergessen, dass er oft auch herrisch sein konnte. Wir lügen uns dabei nicht bewusst an. Eher löschen wir Informationen, die nicht ins Bild passen.

Der Einfluss von Mutter und Vater vermag zwar vieles zu erklären; das ist wissenschaftlich belegt. Dennoch sollten wir uns hüten, unsere Herkunft für alles verantwortlich zu machen.

Diese Erkenntnis ist wichtig, um sich von den familiären Vorgaben lösen zu können. Niemand muss für immer ein Gefangener seiner Kindheit oder seiner Gene bleiben. Wir können entscheiden, wie wir mit angeborenen Veranlagungen umgehen, in welche Richtung wir uns entwickeln wollen. Wer etwa schüchtern ist, kann versuchen, öffentliche Veranstaltungen zu besuchen, und sich darin üben, Menschen kennenzulernen – selbst wenn das Überwindung kostet.

Nicht zuletzt sind wir nach dem Auszug aus dem Elternhaus neuen Einflüssen ausgesetzt: durch Freunde, Partner, die Ausbildung, das Leben mit Gleichaltrigen in einer Wohngemeinschaft, die Zusammenarbeit im Team mit den Kollegen. An all das passen wir uns an und verändern uns dadurch.

Wir entwickeln uns weiter, wie eine Pflanze, die aus einem Samen wächst und zum Licht strebt – und dabei doch an ihrem Ursprung fest verwurzelt bleibt. Und genau darin liegt die Macht der Familie: Auch wenn wir uns noch so weit von ihr entfernen, bleibt sie immer Teil davon, wer wir sind.

♦

Ute Eberle, Jg. 1971, lebt von ihrem mittelfränkischen Elternhaus mehr als 6600 Kilometer entfernt, in Baltimore, USA. Der US-Fotograf **David Hilliard** beschäftigt sich in vielen seiner Fotoarbeiten mit dem Erwachsenwerden.

Geliebte Rivalen

Zwischen Eifersucht und Nähe

Als Kinder sind Geschwister untrennbar verbunden – ob sie wollen oder nicht. Das ändert sich später: Während manche einander im Laufe des Lebens fremd werden, halten andere innigen Kontakt. Welche Faktoren erklären diesen Unterschied? Und warum besinnen sich viele im Alter wieder auf ihre Geschwister?

Text: ALEXANDRA RIGOS; Fotos: CARLA KOGELMAN

Schwestern und Brüder kennen einander besser als jeder andere, begleiten sich mitunter ein Leben lang. Am intensivsten erleben sie ihre Beziehung in der Kindheit

Untersuchungen zeigen, dass das Verhältnis zwischen Schwestern oft weniger von Konkurrenzverhalten geprägt ist als das zwischen Brüdern. Doch auch sie bewegen sich von klein auf in einem Spannungsfeld aus Liebe und Rivalität

Als Andreas Glikas 1959 von Griechenland nach Deutschland auswandert, ist er 18 Jahre alt. Seine zwei Schwestern, die eine sechs Jahre älter, die andere zwei Jahre jünger, lässt er in Athen zurück. Anfangs haben die Geschwister kaum Kontakt. Glikas besitzt kein Telefon, und aus politischen Gründen kann er seine Heimat eine Zeitlang nicht besuchen. Und doch fühlen sich die drei Geschwister weiter eng verbunden. Mit den Jahren finden sie wieder häufiger zueinander, und je älter sie werden, desto inniger wird ihre Beziehung.

Heute ist Glikas 74 Jahre alt. Er fliegt zweimal jährlich nach Athen und telefoniert sonst fast täglich mit seinen Schwestern. Oft sind es nur kurze Gespräche, um sich zu vergewissern, dass es allen gut geht. Manchmal aber diskutieren sie über Familienangelegenheiten, die aktuelle politische Lage oder gesundheitliche Probleme, hören einander zu und geben einander Rat.

Ganz anders entwickelte sich das Miteinander der Geschwister bei Maria Kern: Die 78-jährige hat ihren drei Jahre jüngeren Bruder Gerhard aus den Augen verloren. Vor 45 Jahren emigrierte Gerhard in die USA. Seither hat sie ihn nur zweimal gesehen, seine heutige Heimat Washington kennt sie nicht. Dabei ist Maria Kern offenherzig und reiselustig; sie pflegt viele langjährige Freundschaften über Landesgrenzen hinweg. Doch mit ihrem Bruder tauscht sie nur einmal im Jahr, in der Weihnachtszeit, E-Mails mit guten Wünschen aus.

Die Lebensgeschichten von Andreas Glikas und Maria Kern sind nicht ungewöhnlich. Sie veranschaulichen, wie unterschiedlich sich das Verhältnis zwischen Geschwistern entwickeln kann, wenn sie erwachsen werden.

Einerseits können sie einander innige Vertraute sein, Ratgeber, Stützen in Lebenskrisen und Helfer in Notlagen – wie im Fall von Andreas Glikas sogar über weite Entfernungen hinweg. Sie vermögen dem anderen das Gefühl zu geben, dass da immer jemand ist, auf den Verlass ist. Jemand, der einen nie fallen lassen wird – egal, was geschieht.

Doch viele Menschen finden als Erwachsene keinen Zugang mehr zu dieser Vertrautheit. Ihnen ergeht es wie Maria Kern: Sie verlieren Bruder oder Schwester aus den Augen, wissen nicht mehr, was den anderen in seinem Alltag bewegt. Aus nächsten Verwandten werden mit den Jahren Fremde, so wenig verbunden wie Menschen, die einander nur flüchtig kennen.

Dass sich Geschwister auseinanderleben, ist keineswegs selten: In repräsentativen Umfragen erklärt jeder fünfte Deutsche, seine Geschwister selten oder nie zu sehen. Ein gutes Drittel trifft Bruder oder Schwester nur zu Geburtstagen oder anderen besonderen Anlässen. Und gerade einmal die Hälfte der Deutschen gibt an, die Geschwister zu lieben.

Warum aber sind manche Brüder und Schwestern enge Vertraute, während andere nur Desinteresse oder gar Ablehnung füreinander zeigen? Welche Umstände lassen eine Geschwisterbeziehung gelingen und welche lassen sie zerbrechen?

Kinder sind darauf *programmiert*, um die Aufmerksamkeit ihrer Eltern zu konkurrieren

Sicher ist: Wie auch immer die Beziehung sich über die Jahre entwickelt – sie kann eine der wertvollsten Quellen sein, aus der wir Kraft schöpfen.

Mit niemandem sind wir so lange verbunden wie mit unseren Geschwistern. Unsere Eltern sterben meist lange vor uns, unsere Lebensgefährten lernen wir erst im Erwachsenenalter kennen, Freunde wählen wir oft nur für eine begrenzte Zeitspanne. Brüder und Schwestern hingegen begleiten uns von der Kindheit bis ins hohe Alter – sofern kein Schicksalsschlag sie uns vorzeitig nimmt.

Doch trotz dieser einzigartigen Verbundenheit kann die Beziehung schwierig sein, mitunter gar belastend. Denn aus ihr erwachsen widersprüchliche Gefühle. Von klein auf bewegen sich Geschwister in einem Spannungsfeld von Nähe und Abgrenzung, von Zuneigung und Rivalität.

Erwachsene Brüder und Schwestern können äußerst unterschiedlich sein und würden – wären sie nicht durch die Herkunft miteinander verbunden – womöglich keinerlei Interesse aneinander entwickeln. Meist unterscheiden sie sich frappierend in ihrer Persönlichkeit, ihren Interessen und Gewohnheiten.

So absolvierte Andreas Glikas' ältere Schwester eine Gesangsausbildung, er studierte dagegen Maschinenbau und besuchte niemals eine Oper. Sie ist temperamentvoll und unternehmungslustig, er dagegen zurückhaltend und zögerlich.

Solche Differenzen sind auf den ersten Blick erstaunlich. Immerhin haben Geschwister im statistischen Mittel 50 Prozent ihres Erbguts gemeinsam. Es gibt also neben unseren Eltern und eigenen Kindern keine anderen Menschen, denen wir biologisch derart ähnlich sind wie unseren Brüdern oder Schwestern.

Und Studien zeigen, dass sich dies keineswegs nur auf unsere Physis auswirkt, auf unser Aussehen oder die Anfälligkeit für bestimmte Krankheiten etwa. Auch Charakterzüge wie Introvertiertheit, Offenheit für Neues oder Gewissenhaftigkeit sind teilweise genetisch bedingt und können somit unter Geschwistern gehäuft auftreten.

Und doch: Meist ähneln sich Geschwister in diesen Merkmalen nicht stärker als zwei beliebige Menschen mit ähnlichem sozialen Hintergrund.

Ein Grund dafür ist, dass sich die Kinder einer Familie gegeneinander abgrenzen und somit den Einfluss des biologischen Erbes vermindern. Die „De-Identifikation", wie Psychologen sagen, beginnt schon im frühen Kindesalter.

Intimität als *Waffe*: Niemand trifft eine Schwachstelle so zielgenau wie Bruder oder Schwester

Wir versuchen beispielsweise zu erkennen, was in den Augen unserer Eltern wünschenswert erscheint und was sie ablehnen – und daraufhin jene Erwartungen zu verwirklichen, die noch kein anderes der Geschwister erfüllt.

Wenn die ältere Schwester etwa musikalisch ist und für ihre Gesangsstimme gelobt wird, glänzt der jüngere Bruder eben durch technische Begabung. Ist der eine besonders sportlich, wird der andere versuchen, durch intellektuelle Leistungen zu beeindrucken.

Auf diese Weise formen sich auch die Temperamente von Brüdern und Schwestern unterschiedlich. Ist das ältere Kind eher ruhig und angepasst, verinnerlicht das jüngere eher eine rebellische Haltung – oder umgekehrt.

Eltern und Verwandte verstärken die Tendenzen meist noch, indem sie einmal gefasste Ansichten nicht mehr verändern. So wird aus dem einen Kind „die Kluge", aus dem anderen „der Wildfang". Dem „klugen" Kind bietet man mehr geistige Anregung, das „wilde" schickt man eher in den Sportverein.

US-Forscher konnten sogar nachweisen, dass die Erwartungen der Eltern die schulischen Leistungen der Kinder unmittelbar beeinflussen: Je eher Vater und Mutter davon ausgehen, dass ein Kind in der Schule brilliert, desto bessere Noten hat es. Vermuten Eltern dagegen, dass die Talente des Kindes ohnehin auf anderen Gebieten liegen, bestätigt sich dies in der Schule.

Und als wäre das Ringen um Abgrenzung und eine eigene Identität nicht schon Herausforderung genug, müssen Geschwister zudem den Widerspruch zwischen Nähe und Konkurrenz aushalten. Denn in ihrer Kindheit stehen sich Brüder und Schwestern so nahe, wie es Menschen überhaupt möglich ist.

Sie verbringen mehr Zeit miteinander als mit jeder anderen Bezugsperson. Studien zufolge beschäftigen sich Drei- bis Fünfjährige doppelt so lange miteinander wie mit ihrer Mutter.

Geschwister kennen einander also genau, wissen um die Schwächen und Stärken des anderen, vielleicht sogar um Ängste und Geheimnisse. Sie teilen viele Kindheitserinnerungen – und damit das Fundament ihrer Biografie.

Dieses Wissen bietet eine einmalige Chance, sich gegenseitig zu fördern und zu motivieren. Manche Geschwister erreichen viel zusammen, vielleicht mehr, als es jeder für sich geschafft hätte. Die Gebrüder Wright etwa revolutionierten gemeinsam die Luftfahrt, die Brüder Lumière wurden zu Pionieren der Kino-Technik, und die Schwestern Droste-Hülshoff gehören zu den bedeutendsten Dichterinnen deutscher Sprache.

Doch zugleich sind Geschwister von Natur aus darauf programmiert, zu konkurrieren. Hartnäckig müssen sie um Liebe und Aufmerksamkeit der Eltern rivalisieren – ein Verhalten, das tief in die Evolutionsgeschichte des Menschen zurückreicht. Die Rivalität beginnt, wenn die Geburt eines zweiten Kindes die Welt des Erstgeborenen auf den Kopf stellt. Ältere Geschwister fühlen sich oft vernachlässigt, wenn sich Mutter und Vater um ein Neugeborenes kümmern.

Wie schmerzhaft das „Entthronungstrauma" ist, wie Psychoanalytiker sagen, hängt vom Altersunterschied ab. Je älter das erste Kind bei der Geburt des Babys ist, desto weniger bedrohlich empfindet es den Neuzugang und es überwiegen zumeist Gefühle der Fürsorge und Verantwortung. Folgen die Kinder hingegen dicht aufeinander, neigen sie zum Rivalisieren.

Im kindlichen Konkurrenzkampf kann die Intimität zur Waffe werden: Niemand trifft mit einer Gemeinheit so zielsicher die Schwachstelle eines Heranwachsenden wie der Bruder oder die

Schon kleinere Kinder verbringen mit ihren Brüdern oder Schwestern täglich doppelt so viel Zeit wie mit ihrer Mutter, wissen um die Stärken und Schwächen des anderen

Geschwister können einander verlässliche Spielgefährten sein – doch je jünger das erste Kind bei der Geburt eines weiteren Babys ist, desto mehr neigt es zur Eifersucht

Schwester. Und im Gegensatz zu Freunden haben Geschwister meist wenig Hemmungen, sich gegenseitig die Meinung zu sagen oder gar zu verletzen. Sie müssen ja nicht befürchten, dass ihr Verhältnis den Streit nicht übersteht.

Geschwisterliche Kränkungen aus Kindertagen können Menschen ein Leben lang verfolgen. Machte sich etwa der jüngere Bruder immerzu über das Äußere der älteren Schwester lustig, ist womöglich ihr Selbstwertgefühl dauerhaft erschüttert – und sie wird ihm die vermeintlich harmlosen Neckereien noch Jahrzehnte später nachtragen.

Die Gehänselte mag längst eine erfolgreiche Geschäftsfrau geworden sein, doch die Spitzen der Vergangenheit treffen noch immer. So kann eine beiläufige Bemerkung ein Familienfest in einen Kriegsschauplatz verwandeln. Plötzlich fühlt sie sich so hilflos wie in Kindertagen und reagiert zornig.

Die Rivalität zwischen Geschwistern kann Heranwachsende allerdings auch zu Höchstleistungen beflügeln – zum Beispiel wenn die Geschwister immer alles gemeinsam machen. So verbrachten die beiden Schumacher-Brüder einen Großteil ihrer Kindheit gemeinsam auf der Kart-Bahn des Vaters. Auf ähnliche Weise stiegen auch die Tennis-Spielerinnen Venus und Serena Williams oder die Box-Profis Wladimir und Vitali Klitschko zu Weltruhm auf.

Nur etwa 50 Prozent der *Deutschen* geben an, ihre Geschwister zu lieben

Ohne die Fähigkeit, Konflikte auszuhalten und Kompromisse zu finden, wäre ein solcher Siegeszug kaum möglich gewesen. Genau diese Kunst üben Geschwister über viele Jahre miteinander ein. Denn während Kinder mit Freunden brechen können, müssen sie Streit mit ihren Brüdern und Schwestern aushalten – gleichgültig, wie unvereinbar die Standpunkte erscheinen mögen.

Ob Geschwister wollen oder nicht: Sie sind miteinander verbunden.

Obwohl Schwestern und Brüder die Hälfte ihres Erbguts teilen, entwickeln sie oft entgegengesetzte Charaktere: Ist eines eher angepasst, verhält sich das andere mitunter unkonventionell

Im Verlauf des Lebens, so haben Wissenschaftler beobachtet, verläuft die Kurve der geschwisterlichen Beziehung U-förmig. In der Kindheit sind sich Brüder und Schwestern nah, teilen mitunter jede Stunde ihres Daseins. Dann lösen sie sich allmählich voneinander, die Bedeutung der Beziehung sinkt für den Einzelnen – ehe sie im Alter wieder steigt.

Der Auszug des ältesten Kindes aus dem Elternhaus ist meist eine Zäsur, die das Verhältnis der Geschwister erschüttert. Plötzlich bekommt man nicht mehr alles mit, was den anderen bewegt, weiß kaum mehr, wie er seine Tage verbringt. Das kann einen schmerzhaften Verlust bedeuten, aber auch eine dringend benötigte Atempause. Nun beginnt jeder ein Leben ohne die Gemeinschaft der Geschwister aufzubauen, sucht einen Lebenspartner, gründet eine eigene Familie. In der Regel ist die Distanz am größten, wenn jeder auf Beruf, Partner und eigene Kinder konzentriert ist.

Doch spätestens wenn die Eltern krank und gebrechlich werden, finden Geschwister meist wieder zusammen. Gemeinsam gilt es, Entscheidungen über Pflege und Unterbringung zu fällen, sind sie gezwungen, zu verhandeln und Kompromisse zu schließen. Diese Phase kann das Zusammengehörigkeitsgefühl der Kindheit wiederbeleben. Oft brechen allerdings auch Konflikte wieder aus, die seit Jahren im Verborgenen schwelten.

Heikel ist die Situation vor allem dann, wenn sich ein Kind hingebungsvoll um die Eltern kümmert, während die anderen in einer entfernten Stadt wohnen oder sich weniger verantwortlich fühlen. Auch zeigen sich die pflegebedürftigen Eltern mitunter nicht dankbar für die Selbstaufopferung des einen Kindes, sondern idealisieren das Abwesende – und bieten so zusätzlich Zündstoff für das Verhältnis der Geschwister.

So erlebte es auch Maria Kern. Als ihre Mutter an Demenz erkrankte und viele Jahre lang in einem Heim lebte, war sie immer wieder bei ihr. Ihr Bruder reiste dagegen nur einmal nach Deutschland. Und doch: Die alte Dame verlor nie ein schlechtes Wort über ihren Sohn – und entfachte in Maria Kern das Gefühl, weniger geliebt zu werden.

Auch Andreas Glikas hörte von seinen Schwestern in Athen manchmal scharfe Worte, als die betagten Eltern bedürftig wurden. Um sie zu entlasten, bezahlte er schließlich eine Pflegerin.

Damals litt die Beziehung der Geschwister – doch ernsthaft bedroht war sie nicht.

Lässt Rivalität zwischen den Geschwistern auch über Jahrzehnte nicht nach und spüren sie allzu oft Neid oder Eifersucht, liegt die Verantwortung nach Einschätzung von Experten meist bei den Eltern. Denn in solchen Fällen haben sie ihre Sprösslinge ein Leben lang verglichen, wieder und wieder – bewusst oder unbewusst, mit guter oder schlechter Absicht.

Wenn Vater oder Mutter einzelne Kinder unbeirrt vorziehen, kann es den Geschwistern kaum noch gelingen, zu einem friedvollen Umgang zu finden.

Dann wird der Tod der Eltern zum Moment der Entscheidung: Werden sie sich weiterhin verbunden fühlen? Oder zerreißt das Band zwischen ihnen?

Nicht selten entzweien sich Brüder und Schwestern über das Vermächtnis der Eltern. Das Zerwürfnis ist jedoch meist nur Symptom einer schon lange bestehenden, mitunter niemals ausgesprochenen Feindseligkeit. Die Eltern mögen tot sein, doch im Zank um den Nachlass rivalisieren die Geschwister immer noch um deren Zuwendung – um Aufmerksamkeit und Liebe (siehe Seite 134).

Andere hingegen geben sich gegenseitig Halt in ihrer Trauer und stehen sich nun so nahe, wie seit den Tagen ihrer Kindheit nicht mehr. Vor allem Schwestern können im Alter ein inniges Verhältnis entwickeln und ziehen mitunter sogar zusammen.

In der Regel fällt es ihnen leichter als Brüdern, die wichtigste Herausforderung in dieser Phase zu meistern: Damit es zur Wiederannäherung kommt, müssen die Geschwister sich gewissermaßen neu kennenlernen.

„Die Veränderungen der Beziehung können nur dann gelingen, wenn die Geschwister bereit sind, die Rollenzuschreibungen zu reflektieren und zu verändern“, sagt die Psychotherapeutin Bernadette Bugelnig, die in ihrer Praxis in Wien vielfach Menschen betreut, die das Verhältnis zu Brüdern oder Schwestern verbessern möchten. Nur wer sich selbst nicht mehr als „kleiner Bruder“ empfinde, der immer zu kurz komme, oder als „große Schwester“, die alles regeln müsse, könne auch den anderen wirklich akzeptieren: als einen Menschen, der sich seit den Tagen der gemeinsamen Kindheit zu einer eigenständigen Persönlichkeit entwickelt hat.

Ganz bewusst solle man seinen Geschwistern zeigen, dass man sie in ihrer neuen Rolle ernst nimmt. Fragt etwa eine ältere Schwester, die ihre Geschwister früher gern bevormundet hat, den jüngeren Bruder um Rat, signalisiert sie: Ich nehme dich nicht mehr als unreifen Chaoten wahr, sondern bin neugierig auf deine Sichtweise.

Umgekehrt könne der jüngere Bruder beispielsweise einmal selbst das jährliche Familientreffen ausrichten, statt die Mühe wie bis dahin üblich seiner Schwester zu überlassen. Erst wenn auf diese Weise die alten Geschwisterrollen verwischen, könne sich, so Bugelnig, das Verhältnis weiterentwickeln.

Studien zufolge ist die Bindung zwischen Geschwistern immerhin nur in einem von zehn Fällen irreparabel zerstört. 90 Prozent pflegen im späteren Erwachsenenalter ihre Beziehung – oder könnten zueinander finden, wenn sie sich darum bemühten.

Doch selbst wenn wir uns von Brüdern oder Schwestern mit den Jahren immer weiter entfremden: Das unsichtbare Band zu ihnen prägt uns mindestens so stark wie die Erziehung unserer Eltern. Im Hin und Her zwischen Intimität und Rivalität, Nähe und Distanz, formt sich nicht nur unsere Persönlichkeit, erlernen wir nicht nur soziales Miteinander – Geschwister, so zeigen statistische Erhebungen, lassen in uns auch die urtümliche Sehnsucht nach Familie keimen.

Denn: Je mehr Schwestern und Brüder jemand hat, desto höher ist die Wahrscheinlichkeit, dass er auch selbst Kindern das Leben schenkt.

♦

90 Prozent der Geschwister haben auch im Alter noch eine stabile Beziehung zueinander – oder sind zumindest nicht völlig zerstritten

Alexandra Rigos, Jg. 1968, ist Wissenschaftsjournalistin in Berlin. Das besondere Verhältnis zwischen Schwestern und Brüdern kennt die niederländische Fotografin **Carla Kogelman**, Jg. 1961, aus eigener Anschauung – sie ist selbst eines von sechs Kindern.

Das **Erbe** der Eltern

Für ihr Projekt »Mutters Schuhe« porträtierte die Fotografin Nina Röder ihre Großmutter, Mutter und sich selbst in gleicher Kleidung und ähnlicher Pose

Wie sehr bestimmt unsere Herkunft unser weiteres Schicksal? Übernehmen wir zwangsläufig die **Vorstellungen und Verhaltensweisen** unserer Eltern? Der Psychologe Klaus A. Schneewind erklärt, wie die Familie jeden von uns formt – und wie nicht

Interview: MARIA KIRADY und BERTRAM WEISS; Fotoprojekt: NINA RÖDER; Porträtfotos: ARMIN SMAILOVIC

Klaus A. Schneewind ist emeritierter Professor und Autor eines klassischen Lehrbuchs über Familienpsychologie. Er hat sich unter anderem mit Erziehung und Sozialisation beschäftigt und arbeitet als Paar- und Familientherapeut

GEO WISSEN: ***Herr Professor Schneewind, viele Menschen neigen dazu, ihre familiäre Herkunft für Glück und Unglück verantwortlich zu machen. Wie viel Macht hat die Familie wirklich über unser Leben?***

PROF. KLAUS A. SCHNEEWIND: Die Familie hat sehr viel Macht. Denn in ihr wachsen wir auf, sammeln die ersten Erfahrungen, erwerben grundlegende Fähigkeiten. Und niemand kann sich dem Einfluss seiner Herkunft entziehen. Jeder lebt in dem Bewusstsein, dass er eine leibliche Mutter, einen biologischen Vater hat. Insofern sind wir alle „Familienmenschen", ob wir es wollen oder nicht. Aber: Die Familie ist nicht allmächtig. Um zu erkennen, wo die Grenzen ihrer Macht liegen, müssen wir zunächst klären, was wir meinen, wenn wir von „Familie" sprechen.

Was ist die allgemeingültige Definition?

In Umfragen geben fast 100 Prozent der Menschen an: Eine Familie ist ein Paar mit mindestens einem Kind. Das ist die Kernfamilie, auch nach wissenschaftlicher Definition.

Aber welche Personen für den Einzelnen über diesen engen Kreis hinaus im weiteren Sinne noch zur Familie gehören, Großeltern zum Beispiel, ist individuell höchst unterschiedlich. Das hängt davon ab, zu welchen Menschen wir eine intensive Verbundenheit spüren. In der Regel schwindet dieses Gefühl, je mehr der Verwandtschaftsgrad abnimmt.

Zudem ist die Familie kein starres Gebilde, sondern durchläuft eine Entwicklung, eine „Familienkarriere" – zumal wenn sich durch Trennung oder Scheidung neue Konstellationen ergeben.

Wie ist das zu verstehen?

Zu Beginn des Lebens bedeutet Familie: Herkunft, also das eigene Elternhaus, vielleicht auch Geschwister, Großeltern, Urgroßeltern, Onkel oder Tanten. Später lernt man einen Partner kennen und bekommt möglicherweise selbst ein Kind. Nun bildet diese Gemeinschaft eine Familie.

So verschiebt sich der Mittelpunkt dessen, was wir als Familie empfinden, von Generation zu Generation.

Es sei denn, eine Trennung kommt dazwischen.

Dann wird es kompliziert. Geht ein Elternteil eine neue Beziehung ein, entsteht eine Patchwork-Familie. Der Familienkern spaltet sich in einen väterlichen und einen mütterlichen Part auf. Der leibliche Vater kümmert sich dann beispielsweise nur am Wochenende um seine Kinder, und unter der Woche übernimmt der Stiefvater die Erziehung. Oft ist aber bei einer Trennung so viel Wut und Verletzung im Spiel, dass ein ziviler Umgang unmöglich wird. Nicht selten übernimmt dann ein Elternteil allein die Erziehung, und der andere zieht sich zurück. Das althergebrachte Verständnis von Familie stößt in diesen Fällen an seine Grenzen.

Welche Folgen hat es für die Entwicklung eines Menschen, ob er mit Mutter und Vater oder nur mit einem Elternteil aufwächst?

Die Familienkonstellation kann im Einzelfall einen beträchtlichen Unterschied machen. Auch Alleinerziehende vermögen ihren Kindern natürlich Zuneigung und Fürsorge zu schenken, aber in der Regel haben sie nicht die materiellen Ressourcen, um ihren Nachwuchs optimal zu versorgen. Oft fehlt auch die Zeit. Denn sie müssen allein eine Wohnung finanzieren und den Lebensunterhalt sichern. Ein Paar ist daher meist besser dazu in der Lage und vermag Kindern so einen günstigeren Start ins Leben zu bieten.

Es gibt das Vorurteil, dass Kinder in Patchwork-Familien generell schlechter gestellt seien als in klassischen Familien. Stimmt das?

Nein, das ist so pauschal nicht richtig. Es kommt immer auf den Einzelfall an. Patchwork-Familien sind zwar möglicherweise konfliktträchtiger – aber solange alle Beteiligten gut miteinander auskommen, müssen sie im Vergleich zur traditionellen Konstellation nicht im Nachteil sein.

Entscheidend für die Entwicklung eines Kindes ist vielmehr, in welchem „Familienklima" es aufwächst.

»Woran liegt es, dass wir unserer Familie so schwer entfliehen können?«

»Wir nehmen unsere Herkunft mit, sie wird gleichsam Teil unserer Persönlichkeit, prägt unsere Beziehung zu Freunden, Partnern und später den eigenen Kindern«

Was ist darunter zu verstehen?

„Familienklima" ist ein Begriff für den Umgang von Eltern und Kindern untereinander, vor allem ihre Art zu kommunizieren. Denn Familienleben ist nichts anderes als die beständige Interaktion zwischen Menschen. Um das dortige Klima zu bestimmen, betrachten Forscher vor allem drei Faktoren.

Zum einen untersuchen sie die Emotionen. Um die zu erkennen, beobachtet man zum Beispiel, ob die Angehörigen zärtlich zueinander sind und um das Wohl des anderen besorgt, ob sie fähig sind, sich nach einem Streit zu versöhnen, auf die Argumente anderer einzugehen, deren Bedürfnisse zu respektieren. Oder ob jede Auseinandersetzung verbittert geführt wird und mit persönlichen Beleidigungen endet.

Den zweiten Faktor bilden die Anregungen. Wie stimulierend ist die Familienumgebung? Unternehmen Eltern und Kinder gemeinsam viele Ausflüge, helfen die Eltern bei den Hausaufgaben, werden die Hobbys des Nachwuchses schon früh gefördert, oder sitzt jeder für sich vor dem Fernsehgerät und lässt sich berieseln?

Schließlich gilt es, Normen und Autorität zu betrachten. Nach welchen Werten agieren die Familienmitglieder? In der einen Familie wird ein demokratisches und gleichberechtigtes Miteinander gepflegt, in anderen wird das Wort der Eltern in jeder Situation hoch gehalten. Manche glauben an feste Wahrheiten, wie sie zum Beispiel einige Religionen postulieren, andere sind offen für neue Ideen und stellen ihre Überzeugungen immer wieder infrage.

Besteht ein Zusammenhang zwischen den drei Merkmalen?

Nein, die Faktoren entwickeln sich weitgehend unabhängig voneinander. Es kann also durchaus sein, dass die Mitglieder einer Familie zärtlich miteinander umgehen, aber zugleich einander wenig anregen und sehr rigide Werte vermitteln. Oder es wird immerzu gestritten und gekämpft, aber zugleich viel Raum gewährt, sich selbst auszuprobieren. Jede Kombination ist möglich. Deshalb ist jede Familie für sich einzigartig.

Und doch gibt es bessere und schlechtere Kombinationen.

Studien zeigen, das vor allem jenes Familienklima hilfreich ist, das sich so beschreiben lässt: stark positiv emotional, sehr anregend, wenig normativ und autoritär. Dann haben alle Mitglieder die besten Chancen, ein glückliches und erfolgreiches Leben zu führen. Das mag wenig überraschen, und doch ist es für die meisten Familien extrem schwierig, dieses Klima auf Dauer herzustellen.

Ein schlechtes Klima ist folglich emotional negativ, wenig anregend, ausgeprägt autoritär. Wie viele Kinder in Deutschland wachsen so auf?

Das lässt sich nicht mit Sicherheit sagen. Denn je ungünstiger das Klima, desto eher tendieren Familien dazu, sich von der Außenwelt abzuschotten – und bleiben für Forscher, Behörden und Öffentlichkeit unsichtbar.

Wir wissen immerhin: Die Gefahr ist besonders hoch in Familien, in denen die Eltern psychisch krank sind. Und es sprechen einige Schätzungen dafür, dass von den rund 13 Millionen Kindern in Deutschland etwa drei Millionen mit mindestens einem Elternteil aufwachsen, der wegen einer psychischen Störung behandelt wird.

Wir können also davon ausgehen, dass das Familienleben in Deutschland keineswegs dem harmonischen Ideal entspricht, das uns vorschwebt. Viele Kinder aus solchen Familien haben später die gleichen Probleme wie ihre Eltern: Sie werden psychisch krank, depressiv oder alkoholabhängig. Zuweilen setzt sich dieses Schicksal von Generation zu Generation fort.

Woran liegt es, dass wir unserer Herkunft nur schwer entfliehen können?

Wir nehmen unser Familienklima mit, ganz gleich, wohin es uns als Erwachsene verschlägt. Es wird gewissermaßen zu einem Teil der Persönlichkeit und prägt unsere Beziehung zu Freunden, Partnern und später den eigenen Kindern. Außerdem formt es unsere Weltsicht, unsere Einstellungen, Interessen und Verhaltensweisen. So lernen manche Kinder zu Hause etwa, dass Sucht und Gewalt legitime Strategien sind, mit Problemen umzugehen. Diese Weitergabe an die nächste Generation nennen Wissenschaftler „intergenerationale Transmission".

Können Sie weitere Beispiele nennen?

Langzeitstudien zufolge übernehmen Kinder häufig die Werte ihrer Eltern, was später etwa in ihren politischen oder religiösen Einstellungen zum Ausdruck kommt. Selbst wenn sie auf dem Weg ins Erwachsenenleben zwischenzeitlich andere Wege einschlagen, kehren doch viele zu den Überzeugungen ihrer Eltern zurück.

Auch das Scheidungsrisiko wird offenbar weitergegeben. Trennungskinder lassen sich statistisch gesehen später mit deutlich erhöhter Wahrscheinlichkeit auch selbst wieder scheiden.

Das klingt so, als wäre vor allem das negative Vorbild der Eltern schuld daran, wenn zwei Menschen sich trennen. Doch kann so etwas sicher auch ganz andere Gründe haben.

Natürlich. Die Trennungsrate hat in den letzten Jahren insgesamt zugenommen, was vor allem an der zunehmenden materiellen Unabhängigkeit der Frauen liegt. Aber wenn sich Scheidungen in bestimmten Familien über Generationen hinweg häufen, dann herrscht in diesen Familien meist ein Klima, in dem der Faktor Emotion besonders negativ ausgeprägt ist.

Die Kinder aus solchen Elternhäusern haben zum Beispiel gelernt, dass Partner streiten, sich aber nicht wieder versöhnen. Deshalb fühlen sich solche Menschen in Beziehungen häufig hilf-

Mütter sind oft die wichtigsten Bezugspersonen im Leben von Kindern. Um selbstständig

zu werden, müssen wir uns jedoch irgendwann ein Stück weit von ihnen lösen

los; sie sind davon überzeugt, immerzu Konfrontation aushalten zu müssen. Sie kennen es schlicht nicht anders.

Folglich suchen sie die Schuld oft beim anderen, werden in ihrer Not beleidigend und verletzend. Treffen solche Persönlichkeiten aufeinander, erhöht sich die Wahrscheinlichkeit, dass die Beziehung nur wenige Monate oder Jahre überdauert. Spätestens wenn die Kinder kommen, nimmt das Zusammengehörigkeitsgefühl dann rapide ab.

Trennen sich deshalb viele Paare nach der Geburt des ersten Babys?

Kinder bedeuten Stress. So wunderbar sie auch sind, sie stellen die Beziehung ihrer Eltern auf eine Belastungsprobe, zwingen sie, zu kooperieren – oder eben zu scheitern.

Erst jetzt zeigt sich, was die Partnerschaft wirklich aushalten kann. Die Kinder bekommen das Verhalten ihrer Eltern natürlich hautnah mit und machen es später höchstwahrscheinlich selbst so. Denn ihnen fehlen bestimmte Eigenschaften, die ihnen nur die Familie hätte vermitteln können.

Welche zum Beispiel?

Im Wesentlichen kann jeder drei Eigenschaften von seiner Familie erhalten, die ihm ein Leben lang zugutekommen: Sicherheitsgefühl, Selbstwirksamkeit, Gemeinschaftsfähigkeit.

Sicherheitsgefühl vermittelt die Familie, vor allem tun dies die Eltern, indem sie Geborgenheit spenden und beschützen. Nur wer als Kind von klein auf den Eindruck hat, dass immer jemand da ist, kann eine „sichere Bindung“ entwickeln. Darunter verstehen Psychologen das fundamentale Vertrauen, dass Menschen einem Gutes bescheren können. Das verspüren viele noch als Erwachsene deutlich, wenn sie in ihr Elternhaus zurückkommen oder den Duft der Lieblingsspeise aus ihrer Kindheit wahrnehmen.

Aber es ist mehr als das. Es ist die Zuversicht, dass es immer Menschen geben wird, die in der Not helfen. Sicherheit ist eng an ein Klima geknüpft, in dem positive Emotionen vorherrschen. Wenn ein Baby dagegen oft weint und nicht angemessen getröstet wird, schreit es sich vor Verzweiflung das Gesicht rot. Geschieht das häufig, lernt es die Welt als trostlosen, feindlichen Ort kennen. Diese Unsicherheit kann einen das Leben lang begleiten.

Was versteht man unter der zweiten Eigenschaft, der Selbstwirksamkeit?

Das ist das Gefühl, das eigene Leben selbst in der Hand zu haben, die Dinge gestalten und auf die eigenen Fähigkeiten vertrauen zu können. Es ist die Gewissheit: Auch wenn harte Zeiten auf mich zukommen, wenn ein Problem unlösbar erscheint – irgendwie finde ich immer einen Weg.

Wie stärkt die Familie die Selbstwirksamkeit von Kindern?

Die kann vor allem wachsen, wenn es in einer Familie besonders viel Anregung gibt. Stellen Sie sich einen Vater mit seinem vierjährigen Sohn vor, der puzzelt. Das Kind fängt an zu spielen, merkt aber, dass es ihm nicht gelingt, die Teile richtig zusammenzusetzen. Frustration kommt auf. Der Junge findet das Spiel blöd und will aufhören.

Was kann ein Vater in dem Moment tun? Der eine gibt vielleicht nach und sagt: „Na gut, dann mach etwas anderes.“ Ein zweiter löst das Puzzle einfach selbst, während der Junge zuschaut, ein dritter zwingt ihn gegen seinen Willen weiterzumachen, appelliert an sein Durchhaltevermögen. All diese Reaktionen sind wenig hilfreich, um die Selbstwirksamkeit zu stärken.

Was wäre der richtige Weg?

Der Vater, der sein Kind zur Eigenständigkeit anregt, tut zum Beispiel Folgendes: Er zeigt auf ein Teil und sagt: „Schau mal, hier hast du schon

In jeder Familie herrscht ein individuelles soziales »Klima«, sagt Klaus Schneewind, das von Generation zu Generation die

eine Ecke. Was passt denn jetzt dazu?" Das kann die Neugier des Jungen wecken. Er sucht das passende Teil, dann das nächste und so weiter. Der Vater motiviert und gibt – wenn nötig – kleine Hinweise. Aber der Junge macht alles weitgehend selbst. Und zum Schluss hat er das Gefühl, dass er das Puzzle wirklich selber gelöst hat.

Kurz gesagt: Der Junge begreift, dass er etwas erreichen kann, wenn er sich anstrengt. Das ist mit das Beste, was die Familie uns durch die Art der Interaktion mitgeben kann.

Und die dritte Eigenschaft: Gemeinschaftsfähigkeit?

Das ist die Fähigkeit, sich in eine Gruppe zu integrieren und positiv mitwirken zu können. Das lernen wir nur in einer Familie, die uns auffordert, Verantwortung für die Folgen unseres Handelns sowie für andere Menschen zu übernehmen. Voraussetzung dafür ist ein Familienleben, in dem es wichtig ist, auf andere einzugehen, wozu auch eine versöhnliche Streitkultur gehört.

Am besten hierfür ist ein Klima, das positiv emotional und dabei wenig autoritär ist – aber auch nicht völlig antiautoritär. So lernen wir, nicht blind zu gehorchen, sondern unsere Umwelt aktiv mitzugestalten. Deshalb ist es ganz wichtig, dass Eltern ihre Kinder nicht von der Außenwelt abschirmen. Sondern sie – wenn nötig auch nachdrücklich und unmissverständlich – in ihre täglichen Aktivitäten einbeziehen, zum Beispiel am Einkauf beteiligen.

Welche Folgen hat es für ein Kind, wenn der Vater streng ist und distanziert oder die Mutter lieblos?

In einem Klima, das insgesamt autoritär und emotional negativ geprägt ist, gehen die Eltern kaum auf die Gefühle und Bedürfnisse des Kindes ein. Gleichzeitig halten sie an starren Erziehungsprinzipien und Regeln fest, fordern bestimmte Leistungen und Erfolge ein – und sanktionieren Ungehorsam entsprechend hart.

Ein strenger Vater zum Beispiel wird dann häufig ein Leben lang als „überlebensgroß" empfunden. Als Vorbild, das immer alles besser weiß, dessen Anerkennung man sich durch Gehorsam erkaufen muss und dem man trotzdem nie wirklich nah sein kann.

Das Kind erfährt sich in einer solchen Umgebung als fremdbestimmt, häufig hat es Schwierigkeiten, sich emotional zu öffnen, entwickelt Minderwertigkeitsgefühle, Unsicherheit und eine geringe Gemeinschaftsfähigkeit. Auch übersteigerte Selbstgefälligkeit und Narzissmus sind bisweilen zu beobachten – alles Eigenschaften, die helfen, einen Mangel zu kompensieren.

Erwartungen an das Leben prägt

Denn je nach Temperament reagiert ein Kind unterschiedlich auf eine belastende Familiensituation.

Wie wirkt sich andererseits ein Klima aus, in dem die Eltern das Kind womöglich mit Liebe überschütten?

Paradoxerweise sind die Folgen zum Teil ähnlich. Auch verwöhnte Kinder entwickeln häufig eine geringe Selbstwirksamkeit. Denn die Eltern behandeln die Kleinen nicht einfach nur liebevoll und fürsorglich, sondern nehmen ihnen darüber hinaus jede Entscheidung ab, sie versäumen es, ihren Nachwuchs nach und nach in die Eigenverantwortung zu entlassen.

Auch missachten sie häufig die Bedürfnisse der Kinder nach klaren Grenzen, indem sie ihnen immer alles recht zu machen versuchen, anstatt auch mal ein deutliches „Nein" auszusprechen. Solche Kinder haben später nicht selten auch an ihre Mitmenschen die Erwartung, mit übertriebener Nachsicht und Wertschätzung behandelt zu werden. Umgekehrt können sie aber auch in eine tiefe Verunsicherung stürzen, sobald Mutter und Vater nicht mehr zur Stelle sind, um ihnen wichtige Entscheidungen abzunehmen.

Die Familie kann also auch schlechte Eigenschaften in uns wecken.

Dazu müsste man erst einmal klären, was eine „schlechte" Eigenschaft ist. Diese Beurteilung liegt stets im Auge des Betrachters. Der eine schätzt zum Beispiel Durchsetzungsfähigkeit als eine besonders positive Eigenschaft, um sich etwa im Berufsleben behaupten zu können. Der andere verbindet damit übersteigerte Dominanz und eine egozentrische Haltung. Unser Urteil wird wesentlich davon geprägt, welche Verhaltensweisen in unseren Herkunftsfamilien als wünschenswert galten.

Aus welchem Grund meinen manche Eltern, besonders nachsichtig mit ihren Kindern sein zu müssen?

Oft können sie – etwa aufgrund eigener unerfreulicher Kindheitserfahrungen – es schlicht nicht ertragen, von ihren Nachkommen Ablehnung zu erfahren, und deshalb vermögen sie Konflikte nur schwer auszuhalten.

Eine andere Ursache kann darin liegen, dass die Eltern sich um die weitere Entwicklung des Heranwachsenden sorgen, etwa in der Schule. Weil es das Kind vermeintlich besonders schwer hat, versuchen die Eltern dann, ihm möglichst viele Probleme aus dem Weg zu räumen – zum Beispiel, indem sie mit den Lehrern um eine bessere Note für den Sprössling feilschen.

Mitunter passiert es auch, dass etwa eine Mutter versucht, ihr Kind durch Liebe an sich zu fesseln, und gleichsam zu einer „Übermutter" wird.

Was bedeutet das?

Die Mutter kann das Kind nicht loslassen. Seine wachsende Selbstständigkeit erlebt sie als bedrohlich, entwickelt Trennungsängste. Dies ist vor allem bei Frauen der Fall, die über ein schwaches Selbstwertgefühl verfügen, was mutmaßlich durch ihre eigenen Erfahrungen in ihrer Herkunftsfamilie bedingt ist. Sie erwarten dann von den Kindern, ihr ungestilltes Bedürfnis nach Nähe und Sicherheit zu erfüllen. Die Psychotherapeutin Bärbel Wardetzki spricht in extremen Fällen sogar von „narzisstischem Missbrauch".

Wie bei einem strengen Vater mühen sich die Kinder mitunter ein Leben lang ab, es der fordernden Mutter recht zu machen. Wer es nicht schafft, sich beizeiten von diesem Anspruch zu befreien, dem bleibt oft nur eine Therapie als Weg aus dieser Abhängigkeit.

Wie stark prägen Eltern über das Erbgut unsere Psyche?

Das lässt sich nicht eindeutig sagen. Aber man sollte ohnehin bedenken: Gene und Umwelt wirken immer nur gemeinsam, zu jeder Eigenschaft gibt es eine genetische Basis, die durch das Umfeld ausgeformt wird.

Wir wissen beispielsweise aus Studien an eineiigen Zwillingen – die ja ein identisches Erbgut in sich tragen –, dass die familiären Gene maßgeblich die Intelligenz beeinflussen, doch das angeborene Potenzial kann noch so groß sein: Wenn wir keine Anregung in der Familie bekommen, kann es sich nicht vollends entfalten.

Wenn zum Beispiel niemand abends den Kindern vorliest, die Eltern wenig mit ihnen sprechen oder ihnen kaum etwas erklären, dann kann ihr Intellekt verkümmern. Eineiige Zwillinge, die in unterschiedlichen Familien aufwachsen, stimmen daher in ihrem Intelligenzniveau häufig nur zu 50 Prozent überein.

Formt die Familie die andere Hälfte?

Nicht ganz. Experten schätzen den Einfluss der Umwelt – dazu zählen Eltern, Kindergarten, Schule und so weiter – insgesamt auf bis zu 30 Prozent. Die übrigen 20 Prozent bilden eine Schwankungsbreite, deren Ursache sich nicht aufklären lässt. Das kann bei einem Intelligenztest zum Beispiel von der Tagesform der Testperson oder der besonderen Situation der Testabnahme abhängen, aber auch von vielen anderen Einflüssen, die sich gar nicht zu erkennen geben.

Sicher ist: Die Intelligenz ist ein Merkmal, das vergleichsweise stark durch das Erbgut beeinflusst wird und sich im späteren Leben kaum noch verändern lässt. Andere Charaktereigenschaften dagegen lassen sich noch bis ins hohe Alter formen – die Macht der Gene ist da also geringer.

Es besteht demnach Hoffnung, dass jemand, der aus einem wenig förderlichen Familienklima kommt, sich später dennoch positiv entwickelt.

Die Hoffnung ist immer berechtigt. Der Mensch ist ja ungemein anpassungsfähig. Das ist eine der Erklärungen dafür, weshalb die Familie zwar mächtig ist – aber nicht allmächtig. „Prägung" im biologischen Sinne, also eine unwiderrufliche Festlegung bestimmten Verhaltens nach der Geburt, gibt es nämlich nur im Tierreich. Etwa bei Lachsen, die zwanghaft an ihren Herkunftsort zurückkehren, um dort zu laichen. Oder bei frischgeschlüpften Entenküken, die bedingungslos dem ersten Lebewesen hinterherwatscheln, das sie zu sehen bekommen.

Ist die Anpassungsfähigkeit des* Homo sapiens *der Grund, weshalb sich manche Menschen mitunter völlig entgegengesetzt zu ihren Eltern entwickeln und andere Werte vertreten?

Ja, denn Eltern und Geschwister verlieren in aller Regel im Laufe des Lebens zunehmend an Einfluss. Wichtiger werden Partner, Freunde und Kollegen. Das ist auch der Grund, warum nicht alles von der Familie abhängt, zumal wenn in ihr nicht die optimalen Bedingungen für die Entwicklung eines Kindes herrschen. Wer in ein günstigeres Umfeld gerät oder einen verständnisvollen Lebensgefährten kennenlernt, wird sich in eine andere Richtung weiterentwickeln können.

Es gibt aber eine Hürde: Die meisten Menschen neigen dazu, sich ein Umfeld zu suchen, in dem ein ähnliches Klima herrscht wie in der eigenen Familie, in dem ähnliche Werte gelten. Man kann sich daher nur selten aus eigener Kraft von seiner Herkunft lösen. Meist braucht man dazu einen Impuls von außen: etwa einen Partner, der einem eine neue Art des menschlichen Umgangs zeigt. Oder einen Freundeskreis, der einen mit Begeisterung mitreißt. Oder auch einen Therapeuten, der einem hilft, die eigenen Stärken zu erkennen und zu entwickeln.

Der Satz »Blut ist dicker als Wasser«, sagt Schneewind, kommt nicht von ungefähr

Können außenstehende Bezugspersonen in der Kindheit in einer problematischen Familiensituation helfen?

Sie sind sogar sehr wichtig. Die Psychologin Emmy Werner hat über Jahre Kinder auf einer Hawaii-Insel begleitet, die unter katastrophalen Umständen aufwuchsen, von den Eltern vernachlässigt oder misshandelt wurden. Erstaunlicherweise führten gut 30 Prozent später dennoch ein ganz normales Leben und waren psychisch gesund. Der Hauptgrund: Sie hatten sich aktiv Unterstützung bei anderen Bezugspersonen geholt, etwa von Nachbarn, Erziehern oder Lehrern, Eltern von Freunden, Paten oder Großeltern.

Welchen Einfluss haben Großeltern?

Die sollte man im Gefüge einer Familie niemals unterschätzen. Wenn die Eltern mit der Erziehung überfordert sind, dann gleichen nicht selten die Großeltern ein negatives Familienklima bis zu einem gewissen Grad aus. Denn im Gegensatz zu anderen Bezugspersonen haben sie häufig Zeit und Geduld.

Und sie bieten dem Kind zusätzliche Anregung, spenden Geborgenheit und können ihm eine alternative, gereifte Sicht auf die Welt vermitteln. Häufig sind sie auch Vorbilder, weil sie die meisten Hürden im Leben bereits überwunden haben.

Nur über sexuelle Fragen sowie Beziehungsprobleme redet niemand gern mit Großmutter und Großvater. Das ist ein Tabu.

Geschwister begleiten einen Menschen oft das gesamte Leben. Welchen Stellenwert haben sie?

Manche stehen sich ein Leben lang nahe und unterstützen einander. Andere Geschwisterbeziehungen sind wiederum von Ärger, Feindseligkeit und Kritik geprägt. Den entscheidenden Unterschied macht meist das Verhalten der Eltern: Bevorzugen sie ein Kind, schüren sie Rivalität. Das Verhältnis der Geschwister ist dann mitunter bis ins Erwachsenenalter zerrüttet.

Zudem nehmen selbst positive Geschwisterbeziehungen im Allgemeinen einen U-förmigen Verlauf: In der Kindheit ist das Verhältnis naturgemäß eng. Mit dem Auszug aus dem elterlichen Heim lockert es sich vorübergehend, man verliert sich ein wenig aus den Augen. Im Alter, wenn die Eltern pflegebedürftig werden oder sterben, besinnen sich die meisten Menschen wieder auf ihre Geschwister.

Wie beeinflussen bestimmte Geschwisterkonstellationen einen Menschen?

Sie haben später großen Einfluss auf die Zufriedenheit in einer Partnerschaft. Sie können zu Geschlechts- wie auch Rangkonflikten führen.

Geschlechtskonflikte entstehen, wenn der männliche Part aus einer Geschwisterreihe stammt, in der es nur Jungen gibt, und sich für eine Partnerin aus einer weiblichen Geschwisterreihe entscheidet. In diesem Fall leidet die Beziehung, weil beide nicht auf die Besonderheiten des anderen Geschlechts eingestellt sind.

Rangkonflikte ergeben sich, wenn beispielsweise zwei Erstgeborene zusammenfinden. Dann kann es passieren, dass beide darum ringen, ihre Vorrangstellung in der Geschwisterreihe auch in der Partnerschaft auszuleben.

Im ungünstigsten Fall treffen Geschlechts- und Rangkonflikte aufeinander, dann ist das Risiko einer Trennung stark erhöht. Ideal sind deshalb Geschwisterkonstellationen, die einander komplementär ergänzen, wenn also etwa eine Erstgeborene und ein Letztgeborener zusammenfinden.

Spricht man über die Bedeutung von Verwandtschaft, fällt häufig der Satz „Blut ist dicker als Wasser" – wir fühlen uns also Angehörigen gegenüber besonders verpflichtet. Wie kommt das?

Aus Sicht von Biologen liegt die Ursache für selbstloses und altruistisches Verhalten unter Verwandten in den Genen. Statistisch gesehen teilen wir mit unseren Eltern und Geschwistern 50 Prozent des Erbguts, mit unseren Neffen und Enkeln 25 Prozent und mit unseren Cousins 12,5 Prozent. Wenn wir das Überleben eines Verwandten sichern, können wir also einen Teil unseres eigenen Erbguts für die nächste Generation bewahren.

Diese Theorie lässt sich durch Beobachtungen tatsächlich stützen: Je näher Menschen miteinander verwandt sind, desto mehr helfen sie einander.

Stimmen Sie dem als Psychologe zu?

Ja, und ich muss dafür nicht mal die Biologie bemühen. Wir machen von klein auf die Erfahrung, dass die Familie uns schützt. Vor allem die Eltern sichern unser Überleben. Und auch wenn sie uns vielleicht nicht immer das ideale Umfeld bieten, bedeutet allein die Tatsache, dass wir noch leben, dass sie vieles richtig gemacht haben. Diese existenzielle Abhängigkeit lässt in uns das Gefühl tiefer Verpflichtung reifen.

Vor diesem Hintergrund können Kinder gar nicht anders, als Mutter und Vater zu lieben. Und die Eltern, die über Jahre sehr viel Zeit und Mühe in ihre Nachkommen investieren, erwidern diese Liebe in der Regel.

»Welche Bedeutung haben Großeltern?«

»Man sollte sie nicht unterschätzen. Oft sind sie es, die eine problematische Familiensituation noch irgendwie ausgleichen«

Und doch lösen sich die meisten irgendwann etwas von der Familie und werden zu unabhängigen Menschen.

In der Tat sorgt ein wirkungsvolles Instrument der Natur dafür, dass wir eigenständig werden und nicht unser ganzes Leben unter den Fittichen unserer Eltern verbringen: die Pubertät. In dieser Phase brechen wir als Jugendliche aus der Obhut der Familie aus. Das ist die Voraussetzung dafür, dass wir uns überhaupt für Neues öffnen, fremde Menschen kennenlernen. Würden wir immerzu nur der Familie verhaftet bleiben, gäbe es wohl keine Entwicklung – sondern vornehmlich Stillstand.

Kann es manchmal ratsam sein, den Kontakt zur Familie einzustellen?

Nur im äußersten Notfall. Etwa wenn man jahrelang von den Eltern oder dem Partner misshandelt oder sexuell missbraucht wurde. Oder wenn absolut keine friedliche und konstruktive Kommunikation mehr möglich ist.

Wenn aber alle Beteiligten zu einer Familientherapie bereit sind, dann lässt sich vieles retten. Manchmal kann es auch helfen, nur eine Zeit lang auf Abstand zu gehen. So kann man sich darüber klar werden, warum es immer wieder zu Streit kommt und wie man dem begegnen kann.

Eine völlige Trennung hingegen – selbst wenn die eigene Familie im Vergleich zu anderen nicht die beste ist – schmerzt und bedeutet nicht nur eine Befreiung, sondern auch Verlust.

Denn mag auch die Familie physisch nicht anwesend sein: Sie ist und bleibt trotzdem stets in uns präsent.

♦

Professor Dr. Klaus A. Schneewind, Jg. 1939, lehrte bis zu seiner Emeritierung an der Universität München. Derzeit leitet er einen Masterstudiengang für Psychologie und Psychotherapie der Familie in Berlin.

Am Rande zu stehen, sich nicht so geliebt zu fühlen wie Bruder oder Schwester, kann für Kinder eine dramatische Erfahrung sein

Leben im Abseits

Ihre Nachkommen gerecht behandeln – das wollen die meisten Eltern. Doch immer wieder kommt es vor, dass eines der Kinder systematisch benachteiligt wird, und dann kann sich eine fatale Dynamik entwickeln. Für die Betroffenen ist dies oft noch viele Jahre später eine quälende Last

Text: UTE KEHSE
Illustrationen: TINA BERNING

Absolute Gleichbehandlung in der Familie ist eine Utopie, kleine Ungerechtigkeiten sind normal. Gefährlich aber wird es, wenn eine Benachteiligung länger andauert

L

Langsam streift die Mutter mit ihren zwei Töchtern durch das Modegeschäft. Immerzu lobt sie das eine Mädchen, bietet ihm immer neue Kleidungsstücke an. „Du bist so hübsch!“, ruft sie entzückt. „Das sieht perfekt an dir aus.“

Das andere Mädchen dagegen hört von der Mutter nur harsche Bemerkungen: „Deine Schwester ist viel hübscher. Du trägst keine Kleider. Das sieht schrecklich aus an dir. Du hast nicht den Körper dafür.“

Allmählich werden andere Kunden auf die Szene aufmerksam. Ein Mann beginnt entrüstet auf die Mutter einzureden; eine Frau spricht die Geschäftsführerin darauf an. Eine Dame nimmt das benachteiligte Mädchen in den Arm; sagt ihm, dass Aussehen nicht das Wichtigste im Leben sei. Eine andere bekundet erzürnt: „Das ist Misshandlung!“

Was die aufgebrachten Kunden nicht wissen: In Wirklichkeit sind Mutter und Töchter TV-Schauspielerinnen, instruiert von einem US-Sender. Mit versteckter Kamera will das TV-Team zeigen, wie Menschen reagieren, wenn Kinder auffällig unterschiedlich behandelt werden.

Die Ungerechtigkeit, das veranschaulicht das Experiment, ist offenbar nur schwer auszuhalten. Die Reaktionen der anderen Menschen auf das Verhalten der Mutter offenbaren eine gesellschaftliche Übereinkunft, die machtvoll ist: Eltern sollen all ihre Kinder gleich behandeln, ihnen ohne Unterschied Aufmerksamkeit, Zuwendung und Fürsorge schenken.

Wohl kaum jemand mag deshalb zugeben, eines seiner Kinder gegenüber den anderen zu bevorzugen oder es geringer zu schätzen. Unverständnis, Empörung oder gar Wut würden demjenigen entgegenschlagen. Gerechte Elternliebe gilt als unbedingtes Ziel, ungleiche Elternliebe dagegen als Tabu.

Dabei sind kleine Ungerechtigkeiten in jeder Familie eigentlich an der Tagesordnung – und im Prinzip auch keine Gefahr für das Wohlergehen von Eltern oder Kindern.

Doch problematisch wird es oft dann, wenn die Benachteiligung andauert: wenn sich Eltern über Jahre hinweg einem ihrer Sprösslinge gegenüber weniger zärtlich verhalten, ihn ständig mit den angeblich erfolgreicheren Brüdern und Schwestern vergleichen, mit Lob sparen und ihn häufiger bestrafen als die Geschwister. Wenn sich bei einem Kind also das Gefühl verfestigt, ein Außenseiter zu sein, der sich von den Übrigen unterscheidet und deshalb gemieden wird.

Wie häufig dieses Phänomen in Familien auftritt, ist ungewiss. Es gibt keine Befragung, keine Statistik, die darüber Aufschluss gäbe. Nach Schätzungen eines Familienforschers trifft es rund zehn Prozent aller Kinder.

Und auch eine Recherche im Internet lässt ahnen, dass systematische Benachteiligungen keineswegs selten vorkommen. Auf Websites mit Namen wie „Schwarze Herde“ oder

Allein der Platz in der Reihenfolge der Geschwister beeinflusst ja schon das Leben jedes Kindes: Der Erstgeborene versetzt Eltern in der Regel noch in Aufregung und Begeisterung, beim zweiten Kind ist ihnen der Nachwuchs schon ein wenig gewohnter. Eine Tochter wird vielleicht eher behütet, ein Sohn womöglich eher gefordert.

Ein Mädchen mit mehreren Brüdern kann als Augenstern des Vaters aufwachsen, aber auch als vernachlässigter Außenseiter. Besonders oft bevorzugen Eltern das Nesthäkchen. Mittlere Kinder fühlen sich dagegen häufiger an den Rand gedrängt als ihre älteren und jüngeren Geschwister.

A

All das kann in manchen Fällen dazu führen, dass sich ein Muster verfestigt. Dass sich harmlose Verschiedenartigkeit in ein zerstörerisches Missverhältnis verwandelt. Im schlimmsten Fall wird ein Kind von allen anderen in der Familie angefeindet, verachtet, vielleicht sogar gehasst und misshandelt.

„Dieses Los kann das gesamte Leben vergiften“, sagt Peter Teuschel. Der Psychotherapeut behandelt in seiner Praxis in München häufig Menschen, die sich seit Kindertagen aus der Gemeinschaft der Familie ausgestoßen fühlen.

Denn wer als Heranwachsender ausgegrenzt wurde, plagt sich häufig noch Jahrzehnte später mit Fragen wie: Was habe ich falsch gemacht? Wieso habe ich in der Familie immer wieder Ablehnung erfahren? Lag es an mir oder an den anderen? Weshalb ist das Gleichgewicht zwischen meinen Geschwistern und mir aus dem Lot geraten?

Ein Forscher schätzt, dass sich etwa *jedes zehnte Kind* als »schwarzes Schaf« der Familie empfindet

„Narzisstische Mutter“ legen ungezählte Menschen dar, wie ihre Familie sie zum Außenseiter erklärt hat. Umgekehrt debattieren Mütter oder Väter anonym darüber, dass sie eines ihrer Kinder einfach nicht in ihr Herz schließen können.

Sicher ist: In vielen Familien, vielleicht sogar allen, geht es nicht so gleichberechtigt zu, wie es das Ideal verlangt. Denn so sehr sich Eltern auch mühen mögen, fair zu bleiben: Es kann nicht immer gelingen.

„In der Realität gibt es keine Gleichbehandlung“, sagt Dieter Ferring, Professor für Entwicklungspsychologie an der Universität Luxemburg. Dass Eltern ihren Kindern durchaus etwas unterschiedlich begegnen, sei schlicht menschlich.

Die Ausgrenzung kann unterschiedlich ausfallen, hat Teuschel beobachtet. In manchen Familien müssen Außenseiter mehr als ihre Geschwister leisten – etwa mehr Aufgaben im Haushalt übernehmen – und werden regelrecht bedroht, wenn sie den auferlegten Pflichten nicht nachkommen.

In anderen Familien versorgen die Eltern ein Kind schlechter als die anderen Sprösslinge. Das „schwarze Schaf“ erhält etwa weniger Taschengeld, muss bei Ausflügen zu Hause bleiben oder darf keine höhere Ausbildung machen.

„In manchen Fällen werfen die Eltern das betroffene Kind sogar regelrecht aus dem Haus“, so Peter Teuschel. Sie lassen den Nachwuchs beispielsweise immer mal wieder bei den

Das Gefühl, Außenseiter in der Familie zu sein,
kann sich verfestigen, wenn die Mutter stets nur ein
Kind tadelt, das andere jedoch eher lobt

Vielfach ist Eltern oder Geschwistern *überhaupt nicht bewusst*, auf welche Weise sie einen Angehörigen benachteiligen

Großeltern wohnen oder zwingen ihn noch als Teenager, sich eine eigene Bleibe zu suchen.

Statt Wärme, Geborgenheit und Respekt empfinden die derart Ausgegrenzten also Angst, Bedrohung oder gar Schmerz, wenn sie an ihre Familie denken oder mit ihren Angehörigen zusammentreffen. Die Betroffenen verlieren das positive, emotionale Fundament, das Familie ihnen eigentlich für das Leben geben sollte und kann.

B

Besonders hoch ist das Risiko, ins Abseits zu geraten, in Stieffamilien. Nicht selten werden dort diejenigen Geschwister benachteiligt oder gar schikaniert, die mit einem Elternteil nicht genetisch verwandt sind. Dieser „Aschenputtel-Effekt", wie Wissenschaftler sagen, kann sich vor allem dann entwickeln, wenn die Kinder miteinander konkurrieren; wenn etwa die Zeit der Eltern knapp ist, es an Geld oder Essen fehlt. Dann bevorzugen viele Eltern ihre leiblichen Kinder gegenüber denen, die aus einer anderen Partnerschaft hervorgegangen sind.

Denn, so die Erklärung der Forscher: Menschen neigen von Natur aus dazu, jene Verwandten unbewusst am höchsten wertzuschätzen, mit denen sie das Erbgut teilen.

Dieses Verhalten ist seit Jahrzehntausenden angelegt. Es ist ein Prinzip der Evolution: Nur wenn die Chance groß ist, dass die eigenen Gene in der nächsten Generation erhalten bleiben, bemühen sich Lebewesen nach äußersten Kräften um den Nachwuchs, pflegen, ernähren und beschützen ihn.

Deshalb kann auch eine ungewisse Vaterschaft zum Nachteil des Kindes werden. Hat ein Mann den Verdacht, nicht der biologische Vater eines Sprösslings zu sein, lehnt er ihn möglicherweise instinktiv ab. Und behandelt ihn ein wenig gereizter als jene Kinder, deren Herkunft er sich völlig sicher ist. Selbst wenn er gegen diesen Impuls ankämpft, kann er ihn nicht unbedingt gänzlich unterdrücken.

Doch auch unter Blutsverwandten kann ein Abkömmling zum schwarzen Schaf werden – wenn etwa die Kraft oder das Geld nicht reichen, um alle angemessen zu versorgen.

Vielfach gerät in solchen Konstellationen ein eher unauffälliges Kind ins Hintertreffen, von dem die Eltern annehmen, es brauche nicht so viel Zuwendung. Zuweilen grenzen Mutter und Vater ein Kind auch aus, weil sie schlicht überfordert sind. Ist der Sprössling beispielsweise lebhafter oder aggressiver als seine Geschwister, gilt er rasch als Störenfried.

Andere Außenseiterkinder empfinden sogar, dass sie überhaupt nicht erwünscht sind – ganz gleich, wie viel Mühe sie sich geben. Oft handelt es sich dabei um Söhne oder Töchter, die nicht in die Lebensplanung der Eltern passen, oder um einen Nachkömmling, der erst viele Jahre nach seinen Geschwistern zur Welt gekommen ist. Solche Kinder bekommen in extremen Fällen stets zu spüren, dass sie nicht willkommen sind.

Gerät ein Sprössling erst einmal in die Rolle des schwarzen Schafes, kann er sie kaum mehr abstreifen. Ständig gilt er etwa als Versager, nie vermag er die Wünsche der anderen zu befriedigen und muss immerzu Schmähungen erdulden.

Eine fatale Dynamik kann sich entfalten: Die Kinder beginnen, sich genau so wahrzunehmen, wie Eltern oder Geschwister es ihnen vermitteln. Sie empfinden sich selbst als Querkopf, Tölpel oder Faulpelz – und beginnen sogar, nun genau solche Persönlichkeitsmerkmale zu entwickeln.

Diese Dynamik der Ausgrenzung ist schwer zu durchbrechen. Denn so überraschend es auch klingen mag: Die betroffenen Kinder haben manchmal eine wichtige Funktion für die ganze Gemeinschaft. Sie werden in der Familie zu „Symptomträgern", wie Therapeuten sagen. Das bedeutet: Der Außenseiter wird nicht wegen seines möglicherweise schwierigen Charakters oder anderer Fehler benachteiligt, sondern weil er der „Stellvertreter" eines anderen Problems ist, mit dem sich das Kollektiv nicht auseinandersetzen will oder kann.

Statt sich beispielsweise um die Alkoholsucht eines der Elternteile zu kümmern oder vielleicht die Partnerschaftsprobleme zwischen Vater und Mutter, richtet die Familie sämtliche unerwünschten Emotionen auf das Kind. Sie gibt ihm im Extremfall sogar die Schuld dafür, dass sich die Gemeinschaft in Spannungen, Eifersucht oder Streit verstrickt. Psychologen sprechen vom „Sündenbockmechanismus".

Es ist eine irrationale Dynamik, die Sozialforscher vielfach beobachten, wenn eine Gruppe von Menschen ihre Gemeinschaft bedroht fühlt: Indem die Mitglieder einem Sündenbock (der nicht zwangsläufig ein Mitglied der Gruppe sein muss) die Schuld an dem Übel zuschreiben, vermögen sie die eigene Verantwortung abzuschieben. Die Ursache für die Bedrohung scheint also außerhalb der Gruppe zu liegen, was wiederum deren Zusammenhalt stärkt.

Auf diese Weise können in der Familie Probleme verdrängt und Auseinandersetzungen vermieden werden. Würde dem Sündenbock nicht die Verantwortung zugeschoben, könnte sie auseinanderbrechen. Er hält das fragile Gebilde zusammen, so der britische Kinderpsychologe Christopher Dare.

Auch im größeren Verwandtenkreis kann ein Mitglied das Etikett des schwarzen Schafes erhalten. Ein drogensüchtiger

Cousin, ein streng religiöser Onkel, eine unverheiratete Tante: Manchmal straft die ganze Sippe einen Einzelnen mit Missachtung. Bei Festlichkeiten sorgen die Geächteten für Gesprächsstoff, sie werden – sofern sie überhaupt eingeladen sind – mit kühler Höflichkeit oder offener Abneigung behandelt.

Dadurch, dass eine Familie die Abweichler ausschließt oder mit Ablehnung bestraft, bringt sie die anderen Familienmitglieder dazu, so nehmen Psychologen an, sich an Normen, interne Regeln oder Traditionen zu halten.

Und tatsächlich: Viele, die sich als ausgegrenzt empfinden, geben an, andere Talente, Interessen oder Persönlichkeitsmerkmale zu haben als der Rest der Familie. Das schwarze Schaf liefert einer Familie gewissermaßen ein Mittel, um Abweichler zu disziplinieren und den Zusammenhalt zu stärken.

Die Außenseiter zahlen für diesen Effekt nicht selten mit ihrer seelischen Gesundheit. Denn soziale Ausgrenzungen sind ähnlich schmerzhaft wie körperliche Verletzungen.

Das zeigen unter anderem Versuche der Psychologin Naomi Eisenberger von der University of California. Die Wissenschaftlerin beobachtete mithilfe von Hirnscannern die Aktivität bestimmter Gehirnareale von Probanden, während die gemeinsam mit anderen an Computern spielten. Sobald sich einer der Versuchsteilnehmer von den anderen beim Spiel ignoriert fühlte, wurde bei ihm die gleiche Region der Großhirnrinde aktiv wie bei physischen Verwundungen.

Dieses Ergebnis zeigt: Das Bedürfnis nach Gruppenzugehörigkeit scheint tief in uns verwurzelt zu sein. Denn in der Evolution des *Homo sapiens* war es für jedes Individuum überlebenswichtig, die Verbindung zur Horde zu halten. Isoliert zu sein war tödlich.

Viele Außenseiter in einer Familie *empfinden Scham* und suchen bei Problemen die Schuld dafür oft bei sich selbst

V

Viele Menschen, die sich als schwarzes Schaf ihrer Familie fühlen, empfinden außerdem Scham und entwickeln ein negatives Lebensgefühl. Für Probleme suchen sie die Schuld oft bei sich – so sehr haben sie sich an den Gedanken gewöhnt, dass sie ja ohnehin alles falsch machen.

Sie begegnen ihrer Umgebung mit Misstrauen, werden mit den Jahren womöglich zynisch oder verbittert. Als Erwachsene kämpfen sie häufiger als andere Menschen mit psychischen Störungen wie beispielsweise krankhaften Ängsten oder Depressionen.

Deshalb raten Experten, dass sich niemand scheuen sollte, frühzeitig professionelle Hilfe von Psychotherapeuten oder Psychiatern anzunehmen. Gemeinsam mit den Spezialisten können Betroffene lernen, sich selbst besser zu akzeptieren sowie Distanz zu der Vergangenheit zu gewinnen und sich als unabhängiges Individuum zu empfinden, losgelöst von ihren Angehörigen.

In einem solchen Prozess kann es von Nutzen sein, andere Familienmitglieder einzubeziehen. Doch einfach ist dies nicht: Vielfach ist Eltern oder Geschwistern gar nicht bewusst, auf welche Weise sie einen Angehörigen benachteiligt haben. Oder sie verleugnen es – womöglich gar vor sich selbst.

Für die Verwandten eines Patienten sei eine Aussprache, so Peter Teuschel, oft nur ein neuer Beweis dafür, dass der Familien-Paria Probleme bereite und zudem noch undankbar sei. Deshalb kann es für den Betroffenen durchaus heilsam sein, den Kontakt zu den Angehörigen zeitweilig ruhen zu lassen oder ihn sogar dauerhaft abzubrechen.

Familien vermögen sich indes durchaus davor zu wappnen, dass überhaupt ein Mitglied ins Abseits gerät. Das zeigt eine australische Untersuchung: Je mehr Kontakt die Studienteilnehmer in ihrer Kindheit zu Cousinen und Cousins, Tanten und Onkeln, Großmüttern und Großvätern hatten, desto seltener berichteten sie von einem schwarzen Schaf in der Familie. Die Schlussfolgerung der Forschungsleiterin: Je größer eine Familiengemeinschaft ist und je reger sie sich austauscht, desto eher kann sie sich stabilisieren, ohne jemanden auszuschließen.

Womöglich ruft eine Großmutter dann einen jähzornigen Vater zur Ordnung, quartiert sich eine überforderte Mutter zeitweilig bei einer Schwester ein oder findet ein Onkel eine erfüllende Verbindung zu einem eher verschlossenen Kind.

In einem solchen Fall vermag die Familie dann anzuerkennen, dass nicht alle gleich sind, nicht alle zu jeder Zeit die gleiche Liebe erwarten dürfen. Zudem kann sie achtgeben, dass niemand dauerhaft benachteiligt wird – und der Einzelne Schutz in der Gemeinschaft findet.

♦

Ute Kehse, Jg. 1969, ist Wissenschaftsjournalistin in Delmenhorst. **Tina Berning**, Jg. 1969, lebt in Berlin.

Psycho&Logisch

Kompetent, verständlich und alltagsrelevant:
Experten berichten über die neuesten Erkenntnisse
aus Psychologie, Hirnforschung und Medizin.
Lernen Sie sich kennen – es lohnt sich!

NEU

Gehirn&Geist

Wissen ist Kopfsache.

www.gehirn-und-geist.de

So viel Zeit wie möglich verbringt Günther Mack mit Johann, 3, und seinen anderen sechs Enkeln. Das hat, so sagt er, auch das Verhältnis zu seinen Kindern verändert

Die Chance der ***späten Jahre***

M

Meine Frau und ich haben schon früh, mit Anfang 20, begonnen, Nachwuchs in die Welt zu setzen. Daher haben wir nun schon seit mehr als einem halben Jahrhundert täglich mit Kindern zu tun, erst mit den eigenen drei, dann mit den inzwischen sieben Enkeln. Die Hauptrolle spielen derzeit die beiden Jüngsten: Johann, 3, und Matilda, 6.

Ein-, zweimal in der Woche holen wir den Jungen von der Kita ab, das Mädchen von der Schule und kümmern uns um beide, bis die Eltern abends von der Arbeit nach Hause kommen.

Die Begegnungen sind anders als damals zwischen unseren Kindern und ihren Großeltern. Die waren zwar den Kleinen auch sehr zugetan, aber schienen mir doch immer aus einer anderen Welt zu stammen.

Uns gelingt es als Familie heutzutage besser, Vertrauen zu schaffen, ein Gefühl von Nähe und Geborgenheit. Unser Umgang ist selbstverständlich, alltäglich.

Und doch achten meine Frau und ich bewusst darauf, dass jedes Wiedersehen etwas Besonderes ist. Tropfsteinhöhle, Badesee, Burgverlies, Naturkundemuseum: „Was machen wir diesmal?“, rufen die Kleinen zur Begrüßung.

Mir fällt es nicht schwer, die Begeisterung dafür in mir wach zu halten. Denn mit meinen Enkeln kann ich nachholen, was mir als Vater früher nicht gelungen ist.

Wo war ich eigentlich, als unsere Kinder so süß waren, frage ich mich manchmal, wenn die Enkel um mich herumlümmeln. Vermutlich im Ausland; als Reporter war ich häufig auf Reisen, unterwegs in Krisengebieten.

Jetzt kann ich mich viel besser auf die Kleinen einlassen, kann herzlicher

Als Großvater ist Günther Mack Kindern gegenüber viel zugewandter und emotionaler als früher. Das bereichert nicht nur das Leben seiner Enkel, sondern auch sein eigenes. Und er kann ein wenig von dem nachholen, was er als Vater versäumt hat

Von GÜNTHER MACK; Fotos: PAULA MARKERT

und zugewandter sein, als es mir als jüngerer Mann möglich war. Das ist für mich ein Genuss. Und es verändert wunderbarerweise auch die Beziehung zu meinen eigenen Kindern.

Mein Verhältnis zu den Enkeln ist wie eine versteckte Botschaft an meine Kinder: Seht her, ich kann auch ganz anders sein als früher. So liebevoll habe ich es auch mit euch gemeint, aber vielleicht nicht immer gekonnt. Wenn meine Kinder beobachten, wie ich mit den Enkeln lese oder spiele, ihnen etwas erkläre oder erzähle, denken sie vielleicht: So wäre er wohl als Vater gewesen, wäre er häufiger da gewesen.

Aber ich bin nicht einmal sicher, ob ich es damals wirklich gekonnt hätte. Man ist als Vater nun einmal in einer anderen Rolle denn als Großvater. Man trägt mehr Verantwortung, kann nicht immer milde sein, ist mit sich und der Welt auf ganz andere Weise beschäftigt.

Dank der frühen Enkel haben unsere Kinder und wir Großeltern neue Seiten aneinander entdeckt, und das schon mitten im Leben, nicht, wie so oft, erst spät, beim Abschied.

Dabei hat ganz sicher mitgeholfen, dass wir alle in der gleichen Region wohnen; per Auto, Rad, Bus, Bahn waren wir in einer Stunde beieinander. Wer weiß, ob sich ähnlich intensive Kontakte entwickelt hätten, wären wir nur Anlaufpunkt in den Sommerferien gewesen.

Und wir Großeltern waren immer zu zweit, konnten je nach Situation und Stimmung unterschiedliche Emotionen einsetzen, Oma fürs Gutenachtlied, Opa fürs Quatschmachen, Oma fürs Trösten, Opa für Expeditionen, Oma für Kultur und Familienfeste.

Als junger Vater im Jahr 1960 habe ich nicht annähernd so viel über meine Rolle in der Familie nachgedacht wie heute.

Ich staune oft, wie einfühlsam und verständnisvoll meine Kinder ihren Nachwuchs behandeln, und denke mir: Das hätte ich auch gern so gemacht, wenn ich denn damals dieses Wissen und das Bewusstsein gehabt hätte.

Deshalb ist es für mich tabu, ihnen in die Erziehung hineinzureden. Sie wissen es besser, sie können es besser als ich.

Erziehung ist die Aufgabe von Mama und Papa, nicht von Großmama und Großpapa. Aber wir ganz Alten können den Enkeln manche Dinge zeigen, die nur wir ihnen zeigen können. Etwa, wie Erfahrung den Blick verändern kann, wie Gelassenheit und Geduld einem helfen können.

Das erleben wir mit ihnen zum Beispiel auf gemeinsamen Reisen, ohne die Eltern! Auf Stadterkundungen, Strandurlauben, Wandertouren; auf Kurztrips von sieben, acht Tagen. Zu unserer Überraschung bestehen nicht nur die kleinen, sondern auch die schon etwas größeren Enkel auf diesen Reisen.

Selbstverständlich standen wir in all den Jahren Tag und Nacht für Hilferufe zur Enkelbetreuung bereit, bei sieben Kleinen kommt in drei Jahrzehnten einiges zusammen. Aber ebenso selbstverständlich haben unsere Kinder ihr Leben so organisiert, dass sie ohne ständige Aushilfe der Großeltern auskamen.

Dennoch gab es Notsituationen, bei denen wir rasch einspringen muss-

Die Großeltern holen die zwei jüngsten Enkel ein-, zweimal pro Woche vom Kindergarten und aus der Schule ab, um die berufstätigen Eltern zu entlasten

Auf einem Foto vereint: die Großeltern Mack mit ihren sieben Enkeln im Alter zwischen drei und 30 Jahren

ten. Das war so, als bei den Kindern Beziehungen zerbrachen. Da konnten wir Großeltern sagen: Gleichgültig, was da bei den sich Trennenden gerade los ist, bei uns ist Stabilität, zu uns dürft ihr jederzeit kommen.

Auf diese Weise haben wir unseren Teil dazu beigetragen, die Kinder und Enkel in allen Stürmen des Lebens über Wasser zu halten.

Das mag ganz selbstlos klingen. Aber, völlig klar: Die Enkelkinder halten auch uns über Wasser. Wir erfahren von ihnen vieles über die Welt, was uns sonst verschlossen geblieben wäre, spätestens, wenn sie sich beruflich spezialisieren.

»Auch das kann ich meinen Enkeln mitgeben: dass Altern zum Leben gehört«

Das Leben mit den Enkeln ist eine permanente Welt-Entdeckungstour. Da ist man rundum gefordert, körperlich, emotional, intellektuell. Die Jungen sind da ganz unsentimental, die geben uns keinen Altersrabatt, und das finde ich gut! Ich versuche, innerhalb des mir Möglichen mitzuhalten.

Mein ältester Enkel Nikolai, 30, studiert Geschichte und Mathematik im Lehramt, mit ihm will ich mich auf Augenhöhe über Quanten-Computer unterhalten können. Das bedarf schon einer gehörigen mentalen Anstrengung. Annika, 29, entführt mich manchmal in das Universum der Logistik eines weltweit operierenden Unternehmens und lässt mich staunen, während Justus, 22, stolz darauf ist, der Erste in der Familie zu sein, der „etwas mit seinen Händen" macht, und aus seiner Lehrzeit als Zimmerer erzählt. Mit Helena, 17, diskutiere ich über aktuelle Jugendfilme, und Jan, 14, führt mir stolz seine Fortschritte am Schlagzeug vor.

Wir Großeltern wollen es nicht zu laut sagen, aber wir bedauern viele Menschen in unserem Alter, die keine Enkel haben; ihnen entgeht viel Lebensfreude.

Unser größtes Glück aber ist es, dass es uns erspart geblieben ist, jemals hinter dem Sarg eines Kindes gehen zu müssen. Das ist nicht selbstverständlich, und wir sind sehr dankbar dafür – vor allem dann, wenn wir die Enkel anschauen.

Sie nehmen uns dagegen als alterslose, unsterbliche Wesen wahr, sehen unsere zum Glück noch gute Gesundheit als völlig gegeben an.

Vielleicht ist es dies Letzte, was ich meinen Enkeln werde mitgeben können: die schmerzhafte, aber unausweichliche Erfahrung, dass Alter, Gebrechlichkeit und Tod zu jedem Leben dazugehören.

Ich versuche, nicht zu viel darüber zu reden, aber klar ist: So viele schöne Jahre, wie wir hatten, liegen nicht mehr vor uns. Deshalb will ich sie so intensiv wie möglich genießen.

Gemeinsam mit meiner Frau, meinen Kindern – und meinen Enkeln.

♦

Günther Mack, Jg. 1936, lebt mit seiner Frau Barbara in Wedel bei Hamburg.

Der US-Fotograf Jackson Patterson betreibt Familienforschung mit der Kamera: Für sein Projekt »Recollected Memories« besucht er Orte, an denen seine Vorfahren einst posierten und kombiniert, wie hier in Washington D. C., historische und aktuelle Aufnahmen

Den *Ahnen* auf der Spur

Woher stammt meine Familie? Wo sind meine Wurzeln? Solche Fragen beschäftigen Millionen Menschen. Sie forschen in Kirchenarchiven, Fotosammlungen oder lassen ihr Erbgut analysieren. Vor allem an Wendepunkten des Lebens machen sie sich auf die Suche nach ihren Vorfahren

In den 1920er Jahren reiste die Großmutter des Fotografen mit ihren Cousinen quer durch die USA. Die Neugier der drei lebt in ihm weiter, glaubt Patterson

Sie fotografieren Grabsteine und Geburtsurkunden, bitten um alte Kirchenbücher oder frische Speichelproben, befragen fremde Menschen oder sammeln Tausende Namen. Und all die Daten verknüpfen sie mit einer Person: sich selbst.

Denn die Familienforscher sind auf der Suche nach Verbindungen zwischen den Lebensgeschichten verstorbener Menschen und ihrer eigenen Vita. Kein Aufwand scheint dafür zu hoch. Und doch ist die Suche nach den familiären Wurzeln längst nicht mehr das Hobby einiger weniger Exzentriker. Es ist ein verbreitetes Phänomen.

Allein in der Deutschen Arbeitsgemeinschaft genealogischer Verbände sind 63 Vereinigungen registriert, deren Mitglieder es sich zur Aufgabe gemacht haben, die eigene Abstammung zu ergründen. Zur größten internationalen Konferenz in Salt Lake City kamen im vergangenen Jahr 9000 Besucher. Dort lagert in einem Bergstollen eines der bedeutendsten genealogischen Archive der Welt, betrieben von der Mormonenkirche: 3,5 Milliarden Fotos und Dokumente auf Mikrofilm und digitalen Datenträgern.

Weltweit, so schätzen Experten, versuchen derzeit knapp 100 Millionen Menschen zu erfahren, wer ihre Ahnen waren und wie sie lebten.

Zusehends entdecken auch Unternehmen das ökonomische Potenzial dieser Neugier auf die Vergangenheit: Bibliotheken, Archive und Firmen bieten ihre Dienste an; eine Investmentfirma kaufte für 1,6 Milliarden US-Dollar Anteile an der Firma „Ancestry.com“, auf deren Websites mehr als zwei Millionen Mitglieder gegen Gebühr nach ihren Wurzeln forschen.

Oft stehen Wendepunkte im Leben am Beginn der Nachforschungen: wenn etwa der Großvater stirbt und die Enkel in seinem Nachlass Aufzeichnungen über die Familie entdecken; wenn ein Kind geboren wird und die Eltern sich daranmachen, für ihren Abkömmling die eigene Herkunft nachzuzeichnen.

Warum aber erschöpft sich die Neugier nicht dann, wenn erst einmal

alle Aufzeichnungen entziffert oder die Ahnenlinien gezeichnet sind?

Was treibt Menschen, einen großen Teil ihrer Zeit in ihrer Vergangenheit zu schürfen? Was bringt sie dazu, nach Resultaten zu fahnden, für die sie oft kaum jemand anderen begeistern können? Warum tauchen sie immer tiefer in das schier unendliche Kontinuum von Geburten und Beerdigungen ein?

Allgemein scheint das Interesse an der eigenen Familiengeschichte dann anzusteigen, so beobachten Sozialforscher, wenn die Welt sich stark verändert. Wenn in der Gegenwart die Unsicherheit zunimmt und die Zukunft ungewiss erscheint, suchen Menschen in der Vergangenheit Halt.

Doch können die Beweggründe für die Suche nach den eigenen Wurzeln im Einzelfall natürlich auch weitaus vielfältiger sein.

Jürgen Giebenrath zum Beispiel schöpft aus der Beschäftigung mit seinen Ahnen vor allem Selbstbewusstsein. Je mehr der 56 Jahre alte Versicherungsvertreter aus der Nähe von Göttingen über seine Herkunft erfährt, desto mehr fühlt er sich verwurzelt.

Mögen die Giebenraths für Außenstehende auch wenig interessant erscheinen – weder waren sie adelig noch sehr einflussreich –, so ist Jürgen Giebenrath nach fast 40 Jahren Ahnenforschung nun doch ungemein stolz, die Geschichte seiner Vorfahren bis in das 13. Jahrhundert nachvollziehen zu können.

Bereits mit 17 Jahren erhielt er von seinem Vater die Kopie eines Familienwappens: ein Stern mit sechs Strahlen über einem liegenden Halbmond auf rotem Grund. Die Bedeutung der Symbole kennt Giebenrath allerdings bis heute nicht. Er hofft jedoch, die Herkunft des Wappens eines Tages doch noch aufklären zu können.

Und wenn man ganz genau hinschaue, gebe es unter seinen entfernten Verwandten durchaus manche Berühmtheit, so Giebenrath. Seine Familienforschung brachte etwa eine Verbindung mit dem Astronomen Johannes Kepler sowie der Ehefrau von Johann Wolfgang von Goethe zutage. Den Namen seiner Familie kann er bis zu einem Ulrich Gibenrath zurückverfolgen, der 1538 in der Nähe von Calw in Baden-Württemberg geboren wurde.

Dieser Mann ist ein „Spitzen-Ahn“ oder, wie Familienforscher auch sagen, ein „toter Punkt“: der älteste Träger eines Namens, der aufzustöbern ist. Dahinter verliert sich die familiäre Herkunft im Ungewissen.

Gerade dieses Rätselhafte treibt Genealogen an. Sie lockt die Herausforderung, den toten Punkt immer weiter in die Vergangenheit zu verschieben – und die Lust an der Entdeckung.

Auch Viktor Haupt verspürt dieses Gefühl immer wieder, wenn er einen neuen Namen in seine Datenbank einfügen kann. 34 078 Personen hat der 56-Jährige aus Berlin bislang darin gespeichert.

Anfangs wollte der Heilpraktiker nur seine eigene Herkunft ergründen. Doch dann stieß er auf eine Urgroßmutter namens Krause, ein Allerweltsname. Um diese Ahnenlinie weiterzuverfolgen, musste er nun eine Vielzahl von Krauses einander zuordnen – all jene nämlich, die einst in der gleichen Gegend wie seine Urgroßmutter lebten.

Diese Recherche wiederum führte Haupt zu einer neuen, faszinierenden Frage: Wie sind all diese Menschen miteinander verbunden?

Zu seinen wichtigsten Quellen gehören die Kirchenarchive. Denn Standesämter wurden in Deutschland erst in der zweiten Hälfte des 19. Jahrhunderts flächendeckend eingeführt. Davor gab es oft nur die Aufzeichungen der Pfarrer. Sie vermerkten in Kirchenbüchern, wer in ihrer Gemeinde geboren, getauft, vermählt oder begraben wurde.

Zu Tausenden lagern sie in den Archiven von Bistümern, Landeskirchen und Pfarreien. In vielen gut geführten Bänden sind zu jedem Namen auch Ehepartner, Eltern, Beruf, Alter und weitere Angaben notiert, die Familienforscher

Über Jahrhunderte war Familienforschung vor allem eine Sache der Mächtigen

Mitunter stoßen Genealogen auf ein gehütetes Geheimnis – ein Ereignis oder eine Person, die von der Familie über Generationen verschwiegen wurden

auf die Spur der nächstälteren Generation bringen.

Anhand solcher Informationen lassen sich dann wiederum auch andere Quellen finden, Gerichts- und Verwaltungsakten etwa. Manchmal stößt Viktor Haupt so auf Dokumente, auf denen einer seiner Ahnen vor etlichen Generationen selbst unterschrieben hat.

„Wenn ich so ein altes Schriftstück halte, zittern mir die Hände", sagt er.

F

Für andere Ahnenforscher ist die Vergangenheit nur ein Umweg, um heute noch lebende Verwandte kennenzulernen. So erfuhr Friederike Zeise aus Bad Bramstedt in Schleswig-Holstein vor einiger Zeit zum ersten Mal von einem Großonkel, der 1887 in die USA ausgewandert ist.

Die 64-Jährige recherchierte im Internetdienst „Ancestry", der Zugang zu Archiven und Registern bietet, und stöberte schließlich eine alte Dame in South Dakota auf: eine Enkelin des Großonkels.

Sie reiste in die USA, brachte Fotos aus dem Heimatdorf des Großonkels mit, einen Kirchenbucheintrag über die Heirat von dessen Eltern. All das zeigte sie der neu entdeckten Cousine zweiten Grades – und gewann eine neue Vertraute. „Es war, als würde man sich nach Jahrzehnten auf einem Klassentreffen wiedersehen", sagt Friederike Zeise.

„Die Ahnenforschung führt zu einer Erweiterung des Familienbegriffs", erklärt die Kulturanthropologin Elisabeth Timm von der Universität Münster. „Viele Menschen sind fasziniert von den unerwarteten Verbindungen, die sich dabei aufdecken lassen."

Seit Jahren analysiert die Professorin die wachsende Gemeinde der Genealogen. Und sie erforscht, wie sich die populäre Rekonstruktion von Familie und Verwandtschaft im Laufe der Zeit gewandelt hat.

Über Jahrhunderte diente die Familienforschung vor allem den Mächtigen, um ihre gesellschaftliche Position zu legitimieren. Der Nachweis des eigenen Geblüts war ein Faktor, der der Gesellschaft Struktur gab. Nur wer belegen konnte, von Kaisern, Königen oder Rittern abzustammen, erlangte Einfluss und Privilegien.

Auch in manchen Glaubensgemeinschaften war es Tradition, die Stammlinien nachzuzeichnen. Bis heute ist es beispielsweise im Judentum wichtig, die eigenen Wurzeln zu kennen. Und die Mormonen glauben, dass Verstorbene noch nach ihrem Tod getauft werden können, solange man ihren Namen kennt.

Mit dem Erstarken des Bürgertums in Europa löste sich die Ahnenforschung von Adelsstand und Religion. Als die Industrialisierung und die Auswanderungsströme im 19. Jahrhundert immer mehr Familien auseinanderrissen, kamen Stammbücher, Ahnentafeln und Alben in Mode.

Solche „transitorischen Objekte", wie Kulturanthropologen sagen, helfen Menschen, sich über Zeiten und Distanzen hinweg verbunden zu fühlen.

Allein in Deutschland gibt es mehr als 60 genealogische Vereine

Sigmund Freud, der Begründer der Psychoanalyse, meinte 1909 gar zu erkennen, jedem Menschen wohne der Wunsch inne, einen „Familienroman“ zu erschaffen: der Drang, die eigene Herkunft zu überhöhen; an die Stelle der wahrhaftigen Eltern ein Gespinst aus Fantasien zu setzen.

Bald darauf begannen die Nationalsozialisten die Genealogie zu nutzen, um ihre Ideologie einer „arischen Rasse“ zu untermauern. So geriet die historische Detektivarbeit lange in Verruf, galt als rückwärtsgewandte, gar gefährliche Volkstümelei.

Doch heute wächst die Schar der Ahnenforscher wieder. „Nie zuvor war es so einfach, sich auf Spurensuche zu machen“, sagt Elisabeth Timm. Denn immer mehr Dokumente werden digitalisiert und im Internet Millionen zugänglich gemacht.

Allein auf „FamilySearch.org“, einem Online-Angebot der Mormonenkirche, können Genealogen dem Anbieter zufolge eine Datenbank von mehr als vier Milliarden Namen durchforsten. Und die Website „Ancestry“ verspricht Nutzern gar Zugriff auf 16 Milliarden Datensätze in mehreren Sprachen, darunter Passagierlisten, militärische Register und Tabellen aus Volkszählungen.

Nicht selten lässt die Familiensuche die Nutzer dann nicht mehr los. Sie beginnen so systematisch und akribisch vorzugehen wie es wahrhaftige, historische Forschung erfordert.

Namen einer direkten Abstammung werden beispielsweise nach einem Prinzip geordnet, das der Genealoge Stephan Kekulé von Stradonitz populär gemacht hat, der um 1900 die Abstammung europäischer Regenten aufzeichnete.

Nach seinem System, der Kekulé-Nummerierung, erhält die Ausgangsperson die Nummer eins, deren Vater die zwei und deren Mutter die drei. Der Vater jeder weiteren Person trägt den doppelten Wert, die Mutter diesen Wert plus eins. Der Großvater väterlicherseits trägt demnach die Nummer vier, die Großmutter väterlicherseits die Nummer fünf; der Großvater mütterlicherseits bekommt die Sechs, die Großmutter mütterlicherseits die Sieben.

Auf diese Weise lassen sich alle Vorfahren über viele Generationen systematisch erfassen. Und jeder Wert ist gleichzeitig ein Hinweis darauf, ob die jeweilige Person männlich (gerade Zahl) oder weiblich (ungerade Zahl) ist und aus welcher Generation sie stammt.

Die Kekulé-Nummerierung ist eine Möglichkeit, Ordnung in die Verästelungen eines Stammbaumes zu bringen – und in der großen Geschichte den Faden der eigenen, kleinen zu erkennen.

Doch dabei bleiben viele Ahnenforscher nicht stehen. Vergleiche des biologischen Erbgutes sind inzwischen auch für Privatpersonen bezahlbar.

Das Schweizer Unternehmen „iGenea“ etwa verspricht seinen Kunden, anhand einer Speichelprobe ein „Urvolk“ ausfindig zu machen, von dem der Proband abstammt. Gemeint sind damit Völker aus der Zeit zwischen 900 v. und 900 n. Chr. Das Unternehmen gibt an, auf Informationen zum Erbgut von 700 000 Menschen zurückgreifen und so verschiedene genetische Profile voneinander abgrenzen zu können.

Mancher Klient stellt dann womöglich erstaunt fest, dass auf einem fremden Kontinent oder gleich im Nachbarort genetische Verwandte leben. Ein anderer sieht seine bisherige Forschung durch die Erbgutanalyse bestätigt. Oder sie offenbart, wonach viele Ahnenforscher suchen: einen prominenten Namen auf der eigenen Ahnentafel.

Auch die klassische Familienforschung bringt mitunter seltsame Verbindungen zutage: So soll Barack Obama mit seinem Vorgänger George W. Bush und mit dem Schauspieler Brad Pitt verwandt sein. Und auch Ahnenforscher Giebenrath aus der Nähe von Göttingen hat eine persönliche Verbindung zum US-Präsidenten gefunden.

Denn geht man nur weit genug zurück in der Vergangenheit, wächst die Zahl der Ahnen (die sich ja mit jeder Generation verdoppelt) schnell auf Hunderttausende. So ist es durchaus plausibel, dass zu einer Zeit, in der die Erde zudem noch weitaus weniger bevölkert war, sich auch bei augenscheinlich nicht verwandten Personen irgendein gemeinsamer Urahn findet.

Diese Verbindungen aufzustöbern, mehr über die Vorfahren zu erfahren, die den Widrigkeiten der Jahrhunderte getrotzt und damit das eigene Leben im Jetzt ermöglicht haben: Das ist für viele der Reiz der Ahnenforschung.

Und dafür nehmen Millionen Menschen auf der ganzen Welt akribische Detektivarbeit auf sich.

♦

Anja Reumschüssel, Jg. 1983, ist Journalistin in Hamburg. Der US-Fotograf **Jackson Patterson** entwickelte die Idee für sein Projekt bei einer Familienfeier auf der Ranch, auf der seine Großmutter einst aufgewachsen ist.

Vier Generationen: Heinrich Eufinger
(auf dem Gemälde) begann 1949
mit dem Verkauf von Pflastersteinen.
Sein Enkel Heinz (Bildmitte)
führt das Unternehmen fort, sein Urenkel
Heinrich V. (ganz links) steht bereit,
es später mit seinen Geschwistern
zu übernehmen. Und auch die nächste
Generation ist bereits geboren:
Heinrich Eufinger VI.

Mit der Kraft der Kontinuität

Millionen Familien in Deutschland führen ein eigenes Unternehmen, oft geben sie es über Generationen weiter. Darin verbirgt sich das größte Potenzial dieser Firmen – aber auch ihr größtes Risiko

Text: REYMER KLÜVER, BERTRAM WEISS; Fotos: CHRISTIANE WÖHLER

der „Bordstein 8/25" ist ein Klassiker. Grau, kompakt, zuverlässig. „So häufig wie er verkauft sich keiner", sagt Heinrich Eufinger. Auch das „Flachbord F 10, weiß beschichtet" laufe gut: Beton mit reflektierender, straßenmarkierungsweißer Spezialfarbe und eingestreuten Glasperlen. Kaum etwas beschäftigt den 28-Jährigen so sehr wie die Pflastersteine: In ihnen liegt seine Vergangenheit – und seine Zukunft.

Bald soll Heinrich Eufinger Chef der Heus-Betonwerke werden und sie in der vierten Generation führen. Das Unternehmen residiert in Elz nahe Frankfurt am Main.

Heus: Das „H" steht für Heinrich, das „eu" für Eufinger und das „s" für Söhne. „Manche Mitarbeiter nennen mich Heinrich V., um Verwechslungen zu vermeiden", erklärt der Jungunternehmer. Denn schon sein Vater, sein Großvater, sein Urgroßvater und sein Ururgroßonkel trugen den Namen Heinrich oder Heinz.

Für die Familie Eufinger sind Privates und Beruf kaum zu unterscheiden, seit Generationen verschmelzen die zwei Sphären zu einer Einheit: Wo die Familie ist, ist auch das Geschäft – und wo das Geschäft ist, da gilt es, Zusammengehörigkeit zu bewahren.

So ergeht es rund 2,5 Millionen Familien in Deutschland, die ihre eigenen Firmen kontrollieren. Ob ihnen die Balance zwischen dem Geschäftlichen und dem Privaten gelingt, beeinflusst nicht nur ihr Leben – sondern auch die Existenz von Millionen Bundesbürgern.

Unternehmerfamilien besitzen gut 90 Prozent aller Wirtschaftsbetriebe der Republik, in vielen führen sie auch die Geschäfte. Mehr als die Hälfte aller Deutschen verdienen ihren Lebensunterhalt in einer eigentümergeführten Firma, 44 Prozent des Gesamtumsatzes der Privatwirtschaft werden dort erzielt, 80 Prozent der Lehrlinge ausgebildet.

Viele Betriebe sind klein, etwa die Pizzeria, in der der Vater in der Küche steht, die Mutter serviert und die Tochter am Tresen bedient. Mehr als drei

Rohstoffe für Pflastersteine gewinnt Familie Eufinger in der eigenen Kiesgrube. Mit ihrem Betrieb sichern sie das Leben von 170 Mitarbeitern und deren Familien

Viertel aller Familienunternehmen erzielen jährlich einen Umsatz von weniger als einer Million Euro.

Andere Clans aber häufen gewaltige Vermögen an, auch etliche Großkonzerne sind in Familienhand. Allein die drei reichsten Unternehmerfamilien Deutschlands – Quandt (BMW), Albrecht (Aldi Süd) und Schaeffler – besitzen nach Schätzungen ein Vermögen von insgesamt rund 67 Milliarden Euro.

Meist agieren die Unternehmerfamilien unauffällig, Verschwiegenheit gehört zur Tradition. Doch können sie so mächtig sein wie einst nur adelige Geschlechter. Denn wie kaum eine andere Institution nutzen die Firmendynastien die Kraft der Kontinuität; etabliert eine Familie einmal ein Geschäft, führt sie es oft über Generationen fort.

Darin verbirgt sich ihr größtes Potenzial – und ihr größtes Risiko.

Stammsitz der Heus-Betonwerke ist ein Flachbau aus den 1970er Jahren, gelegen zwischen einem Lebensmittelladen und einem Autohaus. Doch im Inneren führt eine Treppe aus Travertin unter einem Kronleuchter in die Höhe, vorbei an Jagdtrophäen.

Auch hier, so wirkt es, sieht man sich in der Tradition großbürgerlichen Geldadels. Wenn man so will, dann sind die Eufingers Feudalherren im Reich der Pflastersteine. Mit ihrem Geschäft sichern sie das Leben von rund 170 Angestellten und deren Familien, und es gibt im Umkreis von 100 Kilometern wohl kaum einen Pflasterstein, der nicht aus ihren Werken stammt.

Derzeit führt die Firma 4500 Produkte in ihrem Sortiment; sie werden in den eigenen Betonwerken gefertigt, aus ihrer gewaltigen Kiesgrube wird ein Teil des Materials gewonnen. Daneben bereitet das Unternehmen den Untergrund für Sportstätten und Reitparcours, liefert die Beläge von Kletterparks und Kinderspielplätzen. Über die Generationen sind die Eufingers den Weg der meisten erfolgreichen, wachsenden Familienunternehmen gegangen: Mit jedem Nachfolger kamen neue Ideen – und damit Wünsche, neue Märkte zu erschließen.

Familien besitzen mehr als 90 Prozent aller Betriebe in Deutschland. **Manche Clans häufen gewaltige Vermögen an**

Das Band zwischen den Mitgliedern der Familie und den Generationen ist die Stärke von Familienbetrieben, mehr noch: der häufig entscheidende Vorteil gegenüber anderen Firmen, die von angestellten Managern geführt werden und im Besitz zahlreicher unterschiedlicher Inhaber sind.

Denn in Familienunternehmen vereinen sich „zwei Rationalitäten“, wie Ökonomen sagen: die Vernunft des Geschäftes und die Emotion der Familie. Was andere Firmen mühevoll als „Commitment“ aufbauen müssen, wächst in Familienunternehmen ganz natürlich heran. Nur wird es dort meist anders genannt: Hingabe und Pflichtgefühl.

Eintracht ist das oberste Ziel, nicht maximaler Gewinn. Daher gelten vertrauensvolle Beziehungen zu Mitarbeitern, Lieferanten und Kunden mehr als überhastete Innovation; wird Heimatverbundenheit höher geschätzt als Kostenreduktion, Traditionsbewusstsein mehr als schneller Wettbewerbsvorteil.

Solche Werte sind in vielen Unternehmerfamilien das ideelle Kapital. Auch Heinrich V. lernte früh: Sparsamkeit und Tüchtigkeit sind die wichtigsten Zutaten für den Erfolg der Heus-Betonwerke – und das Glück der Familie.

Doch die Nähe von Geschäfts- und Familiensinn kann auch die größte Schwäche solcher Firmen sein. Mag Tradition manchmal Orientierung schaffen, so kann sie in anderen Situationen als Zwang erscheinen. Aus Zusammenhalt wird dann Pflicht, aus Gemeinschaftssinn eine lähmende Fessel.

Manches Mitglied einer Unternehmerfamilie zerbricht daran, sagt sich gar ganz los von seiner Sippe. Andere ringen jeden Tag aufs Neue damit.

„Ich will mich selbst verwirklichen, mich nicht verstellen“, sagt Heinrich V. „Aber ich spüre auch Verantwortung für das, was meine Familie aufgebaut hat.“

Heinz Eufinger, 52, leitet das Geschäft seiner Vorfahren. Seine Erben sollen später jeder eine eigene Sparte der Firma übernehmen

Hinzu kommt: Konflikte haben in Unternehmerfamilien oft eine besondere Brisanz. Denn bei Streitigkeiten steht weit mehr auf dem Spiel als der familiäre Frieden. Sie bringen auch den Betrieb in Gefahr, können realen Besitz zerstören, die Grundlage der Existenz von Eigentümern und Mitarbeitern.

Ökonomen unterscheiden drei Typen von Konflikten, an denen Familienunternehmen zerbrechen können:

- Beziehungsebene – es geht den Beteiligten nicht um die Sache, sondern um Ehre, Respekt, Macht, Unterwerfung;
- Sachebene – die Verwandten ringen um verschiedene Optionen, im Kern um die Deutung von Informationen.
- Zeitebene – selbst wenn man sich über das „Was“ einig ist, streitet man über das „Wann“, etwa den richtigen Zeitpunkt für eine Investition.

Auch bei den Heus-Betonwerken war man sich nicht immer einig. In den 1960er Jahren kam es zu Auseinandersetzungen zwischen den Erben des Unternehmensgründers: Heinrich III. wollte die Firma mit Sparsamkeit fortführen, sein Bruder Werner dagegen Kredite aufnehmen und expandieren.

Die Lösung war, dass sie getrennte Wege gingen: Werner gründete ein eigenes Beton-Unternehmen. Innerhalb kurzer Zeit übertrumpfte er den Bruder, besaß 32 Werke. Und stürzte bald darauf in die Pleite, weil er sich übernommen hatte.

Solche Konflikte entflammen vor allem dann, wenn sich die Ära einer Generation dem Ende zuneigt. Dann werden die familiären Bande auf die Probe gestellt: Wird das Werk der Ahnen zerschlagen, in fremde Hände übergehen? Oder wird die nächste Generation das Vermächtnis forttragen?

27000 Unternehmen müssen derzeit in Deutschland jährlich diese Zäsur bewältigen, viele scheitern daran. Denn längst ist es nicht mehr selbstverständlich, dass die Geschäfte vom erstgeborenen Sohn weitergeführt werden. Manche Kinder zaudern, ob sie fortsetzen wollen, was die Vorfahren aufgebaut haben; manche Eltern zweifeln, ob die Nachkommen den Anforderungen an das Management überhaupt gewachsen sind. Doch wenn die Familien diese Widersprüche meistern, kann daraus wieder eine neue Chance erwachsen – wie bei Familie Eufinger.

Heinrich V. wusste schon früh, dass ihm das Geschäft mit den Pflastersteinen liegt. Als Kind half er, die gelagerten Quader feucht zu halten, damit sie besonders hart werden, bis sie mit Schutzschichten überzogen wurden; auf Baustellen fegte er Sand in die Fugen. Bagger und Kipplader, Mischanlagen und zentnerschwere Blöcke gehörten schon früh zu seiner Welt.

Doch er ist nicht der Einzige aus der Familie, der künftig über Beton und Kies herrscht. Auch seine Geschwister Lisa und Maximilian wollen die Geschichte der Betonwerke fortschreiben.

„Jeder von uns wird einen Mosaikstein zum Familiengeschäft dazulegen“, sagt Heinrich, der Erstgeborene. Statt um den Platz des Vaters zu streiten, wollen sie das Geschäft weiter in verschiedene Sparten aufgliedern, etwa „Spezial-Tiefbau“, „Schüttgüter-Spedition“ oder „Rohstoffgewinnung“. So könnte jedes der Geschwister weitgehend eigenverantwortlich handeln.

Heinrich V. ist entschlossen, das „Buddenbrooks-Syndrom“ zu vermeiden: In der Familiensaga von Thomas Mann verplempert eine Familie binnen kurzer Zeit, was mehrere Generationen zuvor aufgebaut haben.

Und wenn alles gut geht, wird die Kette der Beton-Eufingers nicht bei ihm enden. Im Frühjahr 2015 haben Heinrich V. und seine Frau einen Sohn bekommen. Halb aus Respekt, halb aus Stolz haben sie seinen Namen gewählt: Heinrich VI.

♦

Reymer Klüver, Jg. 1960, ist Redakteur der »Süddeutschen Zeitung«. Die Fotografin **Christiane Wöhler,** Jg. 1975, lebt in Leipzig und hat sich auf Porträts spezialisiert.

Die

Zu jeder Familie gehören Geheimnisse. Manche werden über Generationen weitergetragen, andere im kleinen Kreis gewahrt.

dunklen Seiten

Die Familientherapeutin Sandra Konrad erklärt, warum es befreiend sein kann, sich der eigenen Biografie zu stellen

der Vergangenheit

Interview: MARIA KIRADY und CLAUS PETER SIMON; Fotos: PAULA MARKERT

Die Diplom-Psychologin
Dr. Sandra Konrad arbeitet in ihrer
Hamburger Praxis häufig
die Familiengeschichten ihrer
Klienten auf

Besonders interessant, so Sandra Konrad, sind jene Angehörigen, über die in der Familie kaum gesprochen wird. Bei ihnen liegt oft etwas im Verborgenen

GEO WISSEN: ***Frau Dr. Konrad, in manchen Familien öffnen sich menschliche Abgründe, es gibt Geschichten von Hass, Hinterlist und Heimlichkeit. Gibt es in jeder Sippe „dunkle" Geheimnisse?***

DR. SANDRA KONRAD: Mit Sicherheit hat jede Familie Geheimnisse, aber die müssen keineswegs alle dunkel sein. Sie können auch positive und geradezu lebensnotwendige Funktionen haben. Etwa für unsere Privat- und Intimsphäre, für Bereiche also, die nur uns gehören und von anderen respektiert werden sollten.

Dazu zählen beispielsweise „süße Geheimnisse", wenn ein Paar schwanger wird, aber dies der Verwandtschaft noch nicht verrät. Auch für Kinder und Jugendliche sind Geheimnisse äußerst wichtig, etwa wenn sie ein Tagebuch führen, sich verlieben, die ersten sexuellen Erfahrungen machen.

Oder wenn Geschwister sich gegenseitig decken, weil der eine mal zu spät oder betrunken nach Hause kommt. Dadurch haben sie die Möglichkeit, sich abzugrenzen, Autonomie und auch Individualität zu entwickeln.

Was zeichnet dann demgegenüber ein „dunkles" Geheimnis aus?

Dass es Leid mit sich bringt. Denn solche Geheimnisse entwickeln sich aus Angst, Scham, Schuldgefühlen oder auch unverarbeiteter Trauer. Wir halten vor allem dann etwas geheim, wenn gegen eine Norm verstoßen wird: wenn es zu Gewalt in der Ehe kommt, zum Missbrauch eines Kindes, der Partner betrogen wird oder jemand in der Familie psychisch krank ist.

Da Normen und Werte aber einem steten gesellschaftlichen Wandel unterliegen, kann sich der Inhalt von Geheimnissen im Laufe der Zeit durchaus verändern: Homosexualität, die lange als Verbrechen oder Krankheit galt, muss heute niemand mehr geheim halten.

Manche Geheimnisse werden in Familien sogar viele Jahrzehnte bewahrt. Wieso schweigen Angehörige so lange über etwas, wenn dieses Schweigen doch Leid bringt?

Wenn beispielsweise Kinder spüren, dass es Themen gibt, an die besser nicht gerührt wird, stellen sie oft auch keine Fragen. Weil sie das, was die Eltern vorleben und vorschreiben, erst einmal für normal halten und nicht in Zweifel ziehen. Außerdem bringt uns als Kind, aber auch noch als Erwachsener, die Loyalität – also dieses besondere Treuebündnis aus Liebe, Dankbarkeit und Gehorsam – dazu, dass wir uns oft sehr lang an die „Gesetze" unserer Familie halten. Selbst wenn wir ahnen, dass sie nicht richtig sein können.

Es ist für einen Menschen eine der wichtigsten Entwicklungsaufgaben, sich langsam und bewusst aus der Abhängigkeit und einer zu starken Loyalität zu lösen, um so wirklich erwachsen zu werden. Aber nicht jede Familie ist mit dieser Ablösung einverstanden, weil jede individuelle Entwicklung die Regeln der Sippe und somit ihren Zusammenhalt zu bedrohen scheint.

Das klingt, als wäre eine Familie so etwas wie eine Sekte: Wer einmal darin ist, kommt nur schwer wieder los.

Ja und nein. Jede Familie verlangt ein gewisses Maß an Loyalität, und aus Liebe und Dankbarkeit sind Kinder oft dazu bereit. Es gibt allerdings Familien, in denen Loyalität über die Maßen eingefordert wird und in denen jede Form der Ablösung oder Kritik als Frevel gilt.

Wer aus solchen Familien „auszubrechen" versucht, hat es sehr schwer und gilt oft als Nestbeschmutzer.

Das ist vermutlich auch ein Grund, weshalb Missbrauchstäter meist in der Familie zu finden sind: Sie nutzen die Loyalität des Kindes aus.

Sie nutzen zunächst einmal die Unterlegenheit des Kindes aus und überschreiten alle Grenzen. Es gibt Täter, die vor allem einschüchtern und erpressen, und andere, die an die Loyalität des Kindes appellieren. Weil der

Täter zudem mitunter der einzige Mensch ist, der liebevoll zu dem Kind ist und ihm Aufmerksamkeit schenkt, gerät es in eine schreckliche Lage – eine Kombination aus Abhängigkeit, Angst und Schweigen. Das macht es für Außenstehende mitunter so schwer, diese Verbrechen aufzudecken.

Es ist allerdings ein Unterschied, ob ein Geheimnis eine Familie auch im Inneren spaltet oder gegenüber der Außenwelt besteht. Bei Missbrauch kann beides der Fall sein.

Worin genau liegt der Unterschied?

Bei einem Geheimnis nach außen hin sind alle Familienmitglieder Mitwisser und gemeinsam an der Vertuschung beteiligt. Zum Beispiel, wenn der Vater trinkt und seine Arbeit verliert, oder wenn die Mutter in eine psychiatrische Klinik eingeliefert wird. Die ganze Familie unternimmt dann erhebliche Anstrengungen, damit draußen niemand etwas davon erfährt.

Heimlichkeiten innerhalb der Familie dagegen können einen starken Loyalitätskonflikt zwischen den Angehörigen erzeugen. Etwa, wenn der Sohn mitbekommt, dass der Vater eine Geliebte hat, und das vor der Mutter geheim hält. Ein solches Geheimnis zu hüten ist sehr belastend.

Aber auch Geheimnisse unserer Vorfahren hinterlassen ihre Spuren. Zum Beispiel schreckliche Ereignisse aus der Vergangenheit, über die in der Familie niemals geredet wird.

Wie kann ein Vorfall, von dem das Kind nichts weiß, sein Leben belasten?

Das lässt sich am besten an einem Beispiel erläutern: Vor einiger Zeit kam ein Mann in meine Praxis, der eine unbändige Wut in sich spürte. Er nannte sich selbst ein wandelndes Pulverfass, konnte sich das aber nicht erklären. Also beschloss ich, mir gemeinsam mit ihm seine Familiengeschichte näher anzuschauen. In der Systemischen Therapie gibt es hierfür eine bewährte Technik: das Genogramm.

Was ist das?

Eine Art psychologischer Stammbaum, den ich mit meinen Klienten aufzeichne. Neben jedem Familienangehörigen tragen wir dessen besondere Merkmale ein und notieren, in welchem Verhältnis er zu dem Klienten steht. Das allein kann schon sehr aufschlussreich sein. Mindestens genauso interessant sind aber die weißen Flecken auf der Familienlandkarte, das, worüber der Klient nichts weiß oder vielleicht nichts wissen sollte und durfte – dort liegt oft ein Geheimnis begraben, und so war es auch in diesem Fall.

Die Familie hatte etwas zu verbergen?

Ja, es gab ein Geheimnis um den verstorbenen Großvater, über den mein Klient praktisch nichts wusste. Als er seine Angehörigen nach ihm fragte, reagierten sie abwehrend. Doch er blieb hartnäckig und erfuhr schließlich den Grund für die Verschlossenheit: Der Großvater war ein extrem gewalttätiger Mann, der einen bestialischen Mord begangen hatte, für den er Jahrzehnte lang im Gefängnis saß. Nach seinem Ableben beschloss die Familie, diese Person – und ihre Tat – totzuschweigen.

Es ist aber kaum vorstellbar, dass Ihr Klient die Brutalität gewissermaßen von seinem Großvater geerbt hat.

Das emotionale Erbe unserer Vorfahren übermittelt sich auf verschiedenen Wegen: über die Gene, über das Verhalten, über Bindungserfahrungen, über das, was erzählt, und sogar das, was verschwiegen wird. Selbst wenn wir eine genetische Anlage erben, müssen weitere auslösende Faktoren hinzukommen, damit sich diese auch entfaltet. Bei meinem Klienten war das Verhalten der Familie entscheidend: Alle hatten Angst, dass er genau so werden könnte wie sein Großvater, also taten sie alles dafür, dass sich die Geschichte nicht wiederholt.

Wie läuft so etwas ab?

Als kleiner Junge, so erinnerte mein Klient sich, durfte er nie ungehalten sein, sonst wurde er ausgeschimpft, bei jedem Anzeichen von Wut zuckten die Angehörigen zusammen. So lernte er, seinen Ärger zu unterdrücken – nicht aber, wie man Aggressionen reguliert. Von einem bestimmten Punkt in seinem Leben an war er dann nicht mehr in der Lage, mit Stress umzugehen, etwa im Beruf oder in der Familie.

»Dunkle Geheimnisse entwickeln sich meist aus *Angst, Scham und Schuldgefühlen*«

Kann die Erkenntnis dieses Zusammenhangs allein schon heilsam sein?

Es ist ein erster wichtiger Schritt. Mein Klient war zunächst einmal sehr erleichtert, eine Erklärung für seine Aggressionen gefunden zu haben. „Das ist nicht meine Wut, sondern die meines Großvaters“, sagte er immer wieder.

Aber nach dem Erkennen und Verstehen muss das Fühlen folgen: Wo wurde er unterdrückt, wo ging seine nicht erlaubte Wut hin, wie möchte er heute als erwachsener Mann mit seinen Gefühlen umgehen?

Offenbar geht es bei Geheimnissen immer um Aufwühlendes, das aber nicht offen ausgesprochen wird. Das erinnert stark an Traumata. Besteht da ein Zusammenhang?

Ein traumatisierter Mensch hat eine furchtbare Erfahrung noch nicht verarbeitet. Es fällt ihm schwer, Worte für das Geschehene zu finden. Schweigen ist also die Gemeinsamkeit zwischen einem Trauma und einem Geheimnis. Traumatisierte schweigen oft, um sich selbst oder ihre Umgebung zu schützen.

Und weil sie der traumatischen Erfahrung hilflos ausgesetzt waren, vermeiden sie es so gut es geht, daran erinnert zu werden, während sie gleichzeitig von sogenannten „Flashbacks" – Erinnerungsblitzen – heimgesucht werden. Je mehr sie innerlich vereisen, desto intensiver wirkt jedoch das Trauma. Das hat Folgen, auch für spätere Generationen.

Inwiefern sind die Nachkommen davon betroffen?

Jede psychische Erfahrung, die nicht verarbeitet werden konnte, wird sich im Leben der nächsten Generation widerspiegeln. Das können Kriegserlebnisse sein, Flucht und Migration, Verbrechen, Gewalt, schwere Ungerechtigkeiten, Schuld und Scham.

Die Forschung zeigt: Schwer Traumatisierte wie beispielsweise Holocaust-Überlebende hatten oft Schwierigkeiten, sich emotional fallenzulassen, sich auf andere einzulassen.

Weil sie ihre eigenen Gefühle einfrieren mussten, um zu überleben, wuchsen auch ihre Kinder häufig in einer tabuisierten, gefühlsarmen Atmosphäre auf. Gleichzeitig spürten die Kinder die abgespaltenen Gefühle der Eltern und übernahmen sie.

Statt mit Urvertrauen, Geborgenheit und Sicherheit wuchsen sie mit dem Gefühl auf, dass die Welt ein unsicherer Ort ist. Traumatische Erfahrungen der Eltern sind für Kinder hochansteckend. Die Ängste der Eltern schleichen sich gewissermaßen in die Gefühlswelt der Kinder ein – Fachleute sprechen in diesem Zusammenhang von „transgenerationaler Weitergabe" oder „Übertragung".

Können Sie ein Beispiel nennen?

Ich habe vor einigen Jahren im Rahmen meiner Doktorarbeit die Töchter und Enkeltöchter von Holocaust-Überlebenden interviewt. In beiden Generationen gab es Anzeichen posttraumatischer Belastungsstörungen. Viele hatten die Ängste der Eltern oder Großeltern übernommen.

So erzählte mir eine Tochter, dass sie Panikattacken bekommt, wenn sie Sirenen hört oder Uniformen sieht. Eine Enkelin berichtete, dass sie als Kind Angst hatte zu duschen, eine andere konnte sich nicht in einer Warteschlange für Essen anstellen.

Viele leben bis heute mit dem Gefühl, „auf gepackten Koffern zu sitzen", und machen Pläne, wie sie im Notfall an einen neuen Pass kommen und flüchten könnten. Und wohlgemerkt: All diese Menschen haben die Verfolgung und das Leid in den Konzentrationslagern nicht selbst erlebt.

Es sind die Erfahrungen ihrer Eltern und Großeltern, die sich in ihren Gefühlen – in ihren Existenz- und Verlustängsten – widerspiegeln.

Wie konnten sich derart konkrete Ängste entwickeln, obwohl die traumatisierten Eltern oder Großeltern kaum über ihre Erlebnisse und Gefühle gesprochen haben?

Auch wenn die Familien nicht offenbarten, was im Detail geschehen war, hatten die Kinder sehr feine Antennen für die Gefühle ihrer Eltern, auch für jene Emotionen, welche die Erwachsenen zu unterdrücken versuchten. Die Kinder ahnten und sie spürten: Es ist etwas Schreckliches in der Familiengeschichte verborgen. Gleichzeitig gab es das unausgesprochene Gebot des Schweigens, um die Eltern zu schonen.

Die meisten hatten dennoch hier und da etwas aufgeschnappt, bei jüdischen Freunden vielleicht oder in der Schule. Sie wussten, was im „Dritten Reich" mit den Juden geschehen ist und dass ihre eigene Familie irgendwie betroffen war. Sie hatten grobe Sachinformationen, die sie mit ihren Fantasien anreicherten. Oft kamen diese Vorstellungen der Realität erstaunlich nahe.

Das Schlimme war, dass nun auch die Kinder mit ihren Gefühlen allein blieben, weil es für die Beteiligten nicht möglich war, miteinander darüber zu sprechen: Die Traumatisierten schwiegen ja, um sich und ihre Nachkommen zu schonen und sie nicht zu belasten.

»Kinder *fragen oft nicht*, wenn sie spüren, dass an Themen nicht gerührt werden soll«

Hat der Zweite Weltkrieg bei nicht-jüdischen Deutschen ähnliche Spuren hinterlassen?

Viele von ihnen wurden an der Front oder auf der Flucht traumatisiert. Nach dem Krieg etablierte sich in diesen Familien häufig ebenso eine Kultur des Schweigens und Nichtfühlens. Die Mütter, die geflohen waren, erzählten ihren Kindern beispielsweise nur, dass die Flucht schwierig war. Aber ohne

Um wirklich frei zu werden, sagt Sandra Konrad, müssen wir unsere familiären Altlasten abstreifen

jegliche Details, ohne Gefühle, ganz sachlich. Sie berichteten nicht, dass es eiskalt war, dass sie vergewaltigt worden waren, dass neben ihnen Menschen tot umfielen, sie fast verhungert wären, Todesangst hatten.

Auch die Väter, die aus dem Krieg heimkehrten, waren oft traumatisiert und schwiegen über die grausamen Details. Ein Klient erzählte mir, dass er als Kind sogar dachte, Krieg sei etwas Schönes, weil sein Vater immer nur von den Fronturlauben in Italien berichtet hatte. Solange in Familien nur auf einer sachlichen Ebene kommuniziert wird, entsteht eine emotionale Distanz.

Was ist mit den nationalsozialistischen Tätern und deren Nachkommen – leiden die auch an Familiengeheimnissen?

Die Opfer des Holocausts und ihre Familien haben heute deutlich stärker und nachhaltiger mit ihren Erlebnissen zu kämpfen als die meisten Täter und deren Nachkommen. Während sich die Erfahrung, Opfer geworden zu sein, auch über Generationen hinweg nur schwer abschütteln lässt, verfügten die nationalsozialistischen Täter oft über hochwirksame psychische Abwehrstrategien wie Verleugnung, Bagatellisierung oder Verdrängung.

Da fallen dann Sätze wie: „Das war damals halt so.“ „Ich musste so handeln.“ „Ich wusste nichts von der Judenverfolgung und wie schlimm es wirklich war.“ Fakt ist: Wer keine Schuld fühlt, kann sie nicht vererben.

In Deutschland wurde es den Tätern zudem recht leicht gemacht.

Die sogenannte „Entnazifizierung“ fand oft nur an der Oberfläche statt, wenn überhaupt. Viele Täter besetzten auch nach dem Krieg wieder gesellschaftlich hohe Positionen und lebten weiter, als wäre nichts geschehen.

Ihre Geschichte bogen sie sich entsprechend zurecht. Das heißt, sie füllten die Lücken, all die dunklen Geheimnisse in ihrer Biografie, mit Lügen oder Mythen auf, die dazu dienten, ihre Verbrechen zu verharmlosen oder zu verschleiern.

Wie unterscheidet sich der Mythos vom Geheimnis?

Das Geheimnis bezeichnet die eigentliche Realität, von der niemand etwas erfahren soll. Der Mythos ist gewissermaßen das Gegenstück dazu: Das Bild, das eine Familie anstelle der Wahrheit nach außen trägt, indem sie ihre Geschichte ausschmückt oder gänzlich neu erfindet.

Oder indem sie bestimmte Merkmale und Verhaltensweisen betont, die angeblich typisch für die Familie sind. Die einen behaupten etwa von sich, besonders sportlich zu sein. Die anderen sind großzügig, kulturell interessiert oder reiselustig. Ein solcher Mythos ist ein Ideal, an dem sich die Mitglieder einer Gruppe orientieren, das Identität stiftet und den Zusammenhalt stärkt.

Wie sieht der Mythos der nationalsozialistischen Täterfamilien konkret aus?

Dieser Frage ist der Soziologe Harald Welzer in einer Studie zur Erinnerungskultur in Deutschland nachgegangen. Er stellte fest, dass zwei Drittel der Deutschen davon ausgehen, dass ihre Eltern oder Großeltern während des Naziterrors entweder Helden des Widerstands oder Opfer des Regimes waren. Das ist natürlich grotesk. Auch ich erlebe immer wieder, dass mir Menschen Geschichten von ihren Großeltern aus dieser Zeit erzählen, die einfach nicht stimmen können.

Die direkten Nachkommen müssen doch zumindest Verdacht geschöpft haben.

Vermutlich wollten viele das, was ihre Eltern womöglich verbrochen hatten, nicht wissen. Der Mensch ist im Allgemeinen sehr schlecht darin, Gutes und Böses miteinander in Einklang zu bringen: Der eigene Vater, der immer so liebevoll war, kann nicht gleichzeitig ein Naziverbrecher gewesen sein.

In so einer Situation entscheidet man sich als Angehöriger für eine Sicht, für Schwarz oder Weiß, und blendet die andere vollständig aus. Und die meisten wollen lieber gute als schlechte Familienmitglieder haben.

Daher neigen wir dazu, unsere nächsten Verwandten zu idealisieren.

Auf der anderen Seite gibt es Menschen wie Niklas Frank, der vernichtende Bücher über seine Eltern geschrieben hat. Sein Vater war Hans Frank, ein Kriegsverbrecher, berüchtigt als der „Schlächter von Polen“.

Kinder von berühmten und verurteilten NS-Tätern mussten sich bewusster als andere entscheiden, wie sie mit der Vergangenheit ihrer Eltern umgehen. Manche haben sie verherrlicht und deren Schuld verneint, wie etwa der Sohn von Rudolf Heß und die Tochter von Heinrich Himmler.

Und es gibt Täter-Kinder wie Niklas Frank, die ihre Eltern öffentlich „vernichten“ und sich auf diese Weise von ihnen distanzieren. Die schmerzliche Ironie daran: Obwohl der Sohn seine Eltern hasst, ist er doch so sehr an sie gebunden, dass sein ganzes Leben von dieser Auseinandersetzung bestimmt wird. Bei seinen Geschwistern machte Niklas Frank sich dadurch sehr unbeliebt, denn die leugneten oder verharmlosten das Geschehene.

Es ist nicht einfach, als einziger in der Familie in den familiären Abgrund zu schauen und die Verfehlungen der Vorfahren klar zu benennen. Oft werden diejenigen, die kritische Fragen stellen und dunkle Flecken der Vergangenheit aufdecken, zu Außenseitern, und es kann dazu kommen, dass sie von der Familie verstoßen werden.

Fast alle Eltern haben bestimmte Erwartungen an ihre Kinder, Vorstellungen, wie sie sein sollen, wen sie heiraten, was sie einmal erreichen sollen. Für manche Familien ist beispielsweise Bildung sehr bedeutend, für andere Glaube, Schönheit, Sportlichkeit, Reichtum oder beruflicher Erfolg. Wir merken oft gar nicht, wie sehr wir uns aus Loyalität ein Leben lang von diesen familiären Wünschen und Idealen leiten lassen.

Können Sie ein Beispiel aus Ihrer Praxis nennen?

Ich denke an einen jungen Mann, Mitte 20, der mich extrem verzweifelt aufsuchte, mit Suizidgedanken. Der Grund: Er hatte das erste Staatsexamen in Medizin dreimal nicht bestanden. Eigentlich hatte er Arzt werden wollen, so wie seine Eltern und Großeltern, aber damit war es nun vorbei. Ich fragte ihn, was das Schlimmste an seiner Situation sei, und er antwortete, es den Eltern zu sagen. Auf seine Bitte hin bestellte ich dann auch seine Mutter und seinen Vater zu einer gemeinsamen Sitzung ein.

»Aus den Geschichten der Vorfahren können wir viel *über uns selbst lernen*«

In anderen Kulturen töten Familien ihre Angehörigen mitunter sogar, weil die angeblich die „Familienehre“ beschmutzt haben, etwa durch eine „verbotene“ Liaison.

Das beweist, wie stark, wie allumfassend der Gehorsamsanspruch einer Sippe sein kann. In sehr abgeschwächter Form sieht man dieses Phänomen auch bei Durchschnittsfamilien: Denn welche Mutter, welcher Vater wünscht sich nicht, dass die eigenen Nachkommen wohl geraten, sie mit Stolz erfüllen, dem Familiennamen Ehre machen?

Wie haben die reagiert?

Sehr enttäuscht zunächst. Ihr Sohn hatte in ihren Augen sein Leben verwirkt. Erst nach und nach konnte ich sie davon überzeugen, dass das Ende der Arztlaufbahn ihres Sohnes keineswegs das Ende seines Lebens bedeutete. Es war lediglich das Ende der elterlichen Wunscherfüllung – und ein Bruch mit dem Ideal der erfolgreichen Arztfamilie. Den Eltern gelang es schließlich, sich vom Bild ihres Idealsohnes zu verabschieden und ihn für einen anderen beruflichen Weg freizugeben. Mein

Klient wurde Tischler und war mit seiner neuen Berufswahl dann sehr zufrieden – ich vermute sogar, zufriedener als mit dem Arztberuf.

Geheimnisse, Mythen, Wünsche: Offenbar beeinflusst unsere familiäre Herkunft unseren Lebensweg stärker, als wir ahnen. Inwiefern können Ihre Klienten davon profitieren, wenn Sie als Therapeutin diese verborgenen Kräfte sichtbar machen?

> »Eine Familie hat *nicht nur Leichen im Keller*, auch Schätze liegen dort verborgen«

Menschen suchen mich auf, weil sie unglücklich sind, weil sie an einem Punkt in ihrem Leben allein nicht weiterkommen. Wir suchen dann gemeinsam nach Lösungen, aber auch nach Stolpersteinen, nach familiären Aufträgen etwa, die sie binden oder lenken und die ihnen nicht entsprechen. Um wirklich frei zu werden, müssen wir alle unser Erbe betrachten – und unsere familiären Altlasten aussortieren.

Meine Aufgabe ist es, ungewohnte Fragen zu stellen und meine Klienten dabei zu begleiten, sich selbst besser zu verstehen, sich selbst besser zu fühlen. Dazu gehört oft auch der Blick in die Vergangenheit: Erst wenn die verborgenen Ängste und Wünsche, die eine Familie antreiben, offenliegen, werden diese auch verhandelbar.

Der eigene Lebensweg wie auch das familiäre Miteinander lassen sich dann neu gestalten.

Kann es auch ohne konkreten Anlass sinnvoll sein, das emotionale Erbe seiner Familie zu überdenken und in der eigenen Historie zu forschen?

Das ist enorm hilfreich: Eine Familie hat schließlich nicht nur Leichen im Keller – auch viele Schätze liegen dort verborgen. Indem wir mit unseren Eltern und Großeltern über die Vergangenheit sprechen, können wir einiges über ihren Charakter und ihre Motive erfahren, das uns sonst vielleicht verschlossen geblieben wäre. Viele Menschen aus der Kriegsgeneration sind inzwischen so weit, dass sie mit den Enkeln über ihre Erlebnisse offener reden können als mit den eigenen Kindern.

Aber man muss eben Fragen stellen.

Ja, und offen sein für die Antworten. Es lohnt sich sehr, diese Gespräche elektronisch aufzuzeichnen, um ihren Inhalt für sich selbst und die eigenen Nachkommen unverfälscht zu bewahren. Denn letztlich können wir aus all diesen Geschichten auch viel über uns lernen, über die Einflüsse, die noch Generationen später in uns wirken.

Im Idealfall gelingt es uns, etwas besser zu verstehen, warum wir so geworden sind, wie wir sind.

♦

Dr. Sandra Konrad, Jg. 1974, hat sich wissenschaftlich mit der Weitergabe von Traumata von Holocaust-Überlebenden beschäftigt. Sie ist Autorin des Buchs »Das bleibt in der Familie. Von Liebe, Loyalität und uralten Lasten« (Piper).

Das ***Schweigen*** *brechen*

Zuwendung oder Abkehr: In ihrer Verwandtschaft sucht die US-Fotografin Katrina d'Autremont nach Situationen, in denen verborgene Empfindungen erkennbar werden. Ähnliches entsteht auch bei einer »Familienaufstellung«: Der Hilfesuchende positioniert, oft im Rahmen einer Therapie, Fremde als Mitglieder seiner Familie im Raum – und diese Stellvertreter berichten von ihren Gefühlen

Text: ALEX RÜHLE; Fotos: KATRINA D'AUTREMONT

Eine Familie vermag ihre Mitglieder zu behüten, aber auch zu belasten. In einem solchen Fall soll eine besondere Methode, die »Aufstellung«, Menschen helfen, eine neue Perspektive zu gewinnen – und so das Miteinander zum Guten wenden. Kann das funktionieren?

I

Ich bin da hingefahren wie ein Schulmediziner zu einem Homöopathen-Kongress oder ein Atheist zu einem Kirchentag: Ist doch Humbug. Autosuggestiver Quatsch.

Die sogenannte „Familienaufstellung“, das muss ich erklären, ist im weitesten Sinne eine Form von Psychotherapie.

Sie soll Menschen dabei unterstützen, ihre großen Lebensdramen zu bewältigen – auf sehr unkonventionelle Weise. Denn statt dass ein Klient in wochenlangen Sitzungen mit einem Therapeuten seine Seelenqualen bespricht, wird er gebeten, seine Probleme einmalig in einer Art lebendem Standbild zu inszenieren. Und zwar mithilfe anderer Menschen, die er in der Regel noch nie zuvor gesehen hat.

Die Fremden verkörpern bei der Familienaufstellung stellvertretend die Schlüsselfiguren im Leben des Betroffenen, etwa Ehemann, Ehefrau, Mutter, Vater oder Geschwister.

Und dadurch, dass der Klient diese Statisten wie ein Regisseur im Raum platziert, also „aufstellt“, soll er sein inneres Abbild vom individuellen Drama seines Lebens darstellen.

Die Repräsentanten wiederum – wohlgemerkt: zumeist willkürlich ausgewählte Fremde – spüren dann angeblich auf wundersame Weise die großen Konflikte in der Familie des Klienten am eigenen Leib. Indem sie laut aussprechen, was sie in ihrer jeweiligen Rolle fühlen, verschaffen sie dem Leidgeplagten Einsicht und Linderung.

So weit die Theorie.

Klingt alles nach Esoterik? Das dachte ich auch. Ich bekam den Auftrag, als offen Zweifelnder über meine Erlebnisse bei solch einer Familienaufstellung zu berichten. Ich hielt mich für zu kritisch und aufgeklärt, um bei diesem Budenzauber irgendetwas zu empfinden, außer vielleicht

Der Kreis der Verwandten schenkt in vielen Fällen Sicherheit – aber drängt den Einzelnen vielfach auch in eine Rolle, die er aus eigener Kraft nicht abstreifen kann

Manche *Konstellationen* in der Familie wirken stimmig, andere wecken ein beklemmendes Gefühl

Befremden. Und gab der Sache nicht wirklich eine Chance. Umso überraschender war, was dann geschah.

Wiesloch, ein Städtchen in der Nähe von Heidelberg. Wir sitzen in einem Seminarraum des Instituts für systemische Lösungen. Die Psychotherapeutin und Institutsleiterin Dr. Diana Drexler begrüßt 22 Besucher zu einem dreitägigen Seminar.

Zwölf Teilnehmer werden ihr jeweiliges Problem „stellen", wie es heißt. Die zehn übrigen sind Interessierte, die das Verfahren kennenlernen wollen, oder Personen in therapeutischer Ausbildung, die abends nach dem Kurs mit der Leiterin die Vorgehensweise diskutieren. Auch diese Beobachter werden tief in die Probleme der Stellenden verstrickt sein.

Diana Drexler hält eine kurze Vorrede: Jeder der Teilnehmer werde hier „ein inneres Bild von seinem System aufstellen, um in diesem Bild einen besseren Platz zu finden". Das „System": So nennen die Aufsteller das jeweilige Beziehungsgeflecht, in dem ein Mensch lebt. Dabei kann es sich um die eigene Familie handeln, einen Freundeskreis oder auch um Arbeitskollegen. Hier in Wiesloch werden wir uns in diesen drei Tagen ganz auf die Familie konzentrieren.

Zugleich warnt die Therapeutin vor überzogenen Erwartungen. Aufstellen, das sei keine Ultrakurztherapie – und häufig werde auch eine einmalige Familienaufstellung der Komplexität eines Problems nicht gerecht. Niemand könne die großen Fragen des Lebens „mit einmal Stellen lösen".

Sie unterscheidet deshalb zwischen Problembeschreibung und Anliegenklärung: Das Problem sei oft ein schon lang existierendes Lebensthema. Zugleich müsse aber für die drei Seminartage „ein konkretes Anliegen definiert werden, durch-

Emotionale Distanz trotz räumlicher Nähe: Beziehungen zwischen Verwandten sind oft anders, als sie scheinen

Mitunter überdauern Gefühle Generationen, glauben Therapeuten. So vermag ein nicht verarbeitetes Ereignis aus früheren Zeiten noch die Psyche von Kindeskindern zu beeinflussen

aus verbunden mit dem Wunsch, herauszufinden, wie ich das große Problem in Zukunft anders angehen könnte".

Die 57-Jährige betont, es empfehle sich manchmal, eine solche Aufstellung therapeutisch begleiten zu lassen. Dann beendet sie ihre Einführung mit einem Bild: „Jeder von uns verfängt sich auf der Reise mit seinem Lebensboot mal in Gestrüpp oder läuft auf Sand auf. Wenn es klappt, erhält dein Boot einen ‚Anstoß', und du kommst wieder in anderes Fahrwasser." Ich muss zugeben, die Einführungsrede ist angenehm vorsichtig.

Das Seminar beginnt damit, dass die zwölf Stellenden ihr jeweiliges Anliegen vortragen. Bei manchem wirkt es sofort sehr klar: „Ich habe sechs Kinder und das Gefühl, meiner ältesten Tochter nicht gerecht zu werden." Bei anderen ist es eher diffus: „Ich bin 41 und weiß immer noch nicht, wohin mit mir im Leben." Oder „Ich spüre oft eine immense Wut in mir."

Eine kurze Pause, dann fragt Diana Drexler in die Runde: „Wer möchte beginnen?" Im Grunde wollen sie alle, sonst wären sie ja nicht gekommen, aber es ist wie ein Sprung in die Tiefe. Schließlich sollen sie hier vor Fremden Dinge preisgeben, die sie im Alltag gern verdrängen. Und so sitzen alle da wie eine Schulklasse, wenn es ans Abfragen geht. „Ich komme mir vor wie in der Schlange zur Achterbahn", sagt ein Teilnehmer später in der Pause, „du willst es unbedingt, aber du hast Bammel, weil du weißt, dass es heftig wird."

Schließlich meldet sich Stefan, ein geschiedener Mann, der sich wünscht, dass die beiden erwachsenen Kinder seine neue Lebenspartnerin akzeptieren. Diana Drexler bittet ihn auf den Stuhl neben sich.

Sie sagt: „Beende mal den Satz: Wir haben hier gut gearbeitet, wenn …"

„… sich für mich neue Perspektiven ergeben", sagt Stefan.

„Du willst dein Gegenwartssystem stellen. Wer ist darin wichtig? Wen brauchen wir dafür?", fragt Frau Drexler.

„Mich. Meine Freundin. Meine zwei Kinder", antwortet Stefan. „Dann hört's gefühlt auf."

Die Teilnehmerin neben mir schüttelt den Kopf und flüstert etwas von Verdrängung. Frau Drexler sagt: „Dann stell mal auf: dich, deine Freundin, deine zwei Kinder – und deine Exfrau."

Stefan seufzt: „Das ist jetzt die harte Nummer, oder?" Alle lachen.

Frau Drexler: „Das Spannende ist oft das, was fehlt. Ich schlage vor, wenn du deine Familie stellen möchtest, gehört die Mutter deiner Kinder dazu."

Stefan muss jetzt Stellvertreter suchen: Menschen, die ihn, seine Exfrau, seine Kinder und seine Freundin repräsentieren. Er fragt mich, ob ich ihn spielen will.

Stumm führt Stefan uns jeweils an den Platz, den er für stimmig hält, indem er uns an den Schultern nimmt und irgendwo auf dem Teppich positioniert. Als er fertig ist, stehe ich so, dass ich „meinen" Sohn und „meine" Exfrau von der Seite anschaue, die Rücken an Rücken vor mir platziert sind. Links von mir befindet sich „meine" Tochter, schräg hinter mir „meine" Freundin.

Stefan setzt sich auf den Beobachterstuhl. Frau Drexler will wissen, wie es uns geht, ob wir etwas spüren. Und tatsächlich: Es fühlt sich an, als wären wir auf einmal magnetisch aufgeladene Figuren, die einander heftig anziehen oder abstoßen. „Wir stehen falsch zueinander", sage ich, ohne nachzudenken.

Diana bittet mich, das zu erklären.

Naja, warum steht meine Freundin rechts hinter mir? Mir im Nacken? Ich will die doch sehen! Meine Exfrau, obwohl fast genau vor mir, nehme ich kaum wahr. Dafür meinen Sohn, der mich aber nicht anschaut. Warum ist der so abweisend?

Peinigende Gefühle wie Neid oder Missgunst können über Jahre schwelen, ohne dass die Betroffenen, etwa Töchter und Mütter, sie einander offenbaren

Wut, Freude, Sehnsucht: Einige Teilnehmer werden von der Wucht ihrer Emotionen überwältigt

Das Gefühl der Unstimmigkeit ist so jäh wie beklemmend, als hätte ich einen engen Pulli verkehrt herum angezogen. Mein Sohn muss Ähnliches spüren. Er tritt fast augenblicklich einen Schritt von mir und meiner Exfrau weg, neben meine Tochter, und sagt, er wolle mit meinen Problemen nichts mehr zu tun haben, ich solle aufhören, ihn da hineinzuziehen.

Es ist überraschend, wie schroff er das sagt. Der junge Mann, der die Rolle des Sohnes übernommen hat, war in der Vorstellungsrunde schüchtern und leise.

Es ist, als würden durch den rechteckigen Teppich, auf dem drei Tage lang alle Aufstellungen stattfinden, unsichtbare Starkstromleitungen laufen. Die Repräsentanten werden zuweilen von derart starken Emotionen gepackt, dass sie in der Aufstellung zu weinen beginnen oder danach verblüfft sagen, wie überrumpelt sie waren von ihrer Wut, Freude, Sehnsucht. Ich selbst staune darüber, dass ich in meiner Stellvertreterrolle derart klare, heftige Gefühle verspüre.

Stefans Bild verschiebt sich weiter. Meine Freundin hat auch den Eindruck, hinter mir falsch zu stehen, tritt neben mich und nimmt meine Hand.

Das wirkt sofort stimmig. Ich halte erleichtert ihre Linke und nehme in diesem Moment erstmals meine Exfrau wahr, wie sie so einsam dasteht und sich zu mir dreht.

Ob strenger Patriarch oder Bewahrer der Tradition: In einer Familie nimmt jeder eine Rolle ein. Nur wer diese Rolle erkennt, kann sich und das Miteinander verändern

Vorher hatte ich immer an ihr vorbeigeschaut, jetzt halte ich ihrem Blick stand. Sie sagt, wie verletzt sie sich fühlt. Ungeliebt. Abgestellt.

W

Was geht während dieser Szenen in dem echten Stefan vor, der stumm auf seinem Beobachterstuhl sitzt? Der Theorie nach spüren die Repräsentanten häufig etwas, das für den Aufstellenden Sinn ergibt. Da dieser auch für sich selbst einen Stellvertreter wählt und das Bild dann von außen betrachtet, kann er im Idealfall seine Situation als Ganzes besser in den Blick nehmen und reflektieren.

Stefan hat das anscheinend ganz ähnlich erlebt. Sechs Wochen nach dem Seminar rufe ich ihn an, um zu fragen, welche Langzeitwirkung er feststellen kann. Er sagt: „In meiner Psychotherapie habe ich immer Teilaspekte angeschaut und durchgearbeitet. Hier hatte ich plötzlich die Vogelperspektive."

Während der einzelnen Aufstellungen, die meist zwischen 30 und 60 Minuten andauern, wird das gestellte Bild nicht analysiert und auch nicht erklärt.

Erst als ich im Nachhinein frage, sagt Diana Drexler über Stefans Grundaufstellung, es sei auffällig, dass Kinder oft stellvertretend auf Plätzen von Erwachsenen stehen und für diese versuchen, etwas zu erledigen oder zu tragen. Und daher hatte der Stellvertreter von Stefans Sohn auf dem ihm zugewiesenen Platz – Rücken an Rücken mit der Mutter – auch sofort heftig protestiert mit den Worten, er habe keine Lust mehr, dass sein Vater ihn in seine Probleme reinziehe.

Normalerweise aber kommentiert Diana Drexler den Prozess der Aufstellung nicht. Vielmehr fragt sie die Stellvertreter, was gerade in ihnen vorgehe.

Die antworten dann beispielsweise: „Ich gehöre hier nicht hin", oder „Ich fühle mich unsicher", oder „Hier neben meinem Mann fühle ich mich viel wohler als dort hinten".

Oft fordert die Psychotherapeutin die Stellvertreter auch auf, einander Sätze zu sagen wie: „Mama, ich habe dich ein Leben lang vermisst" oder „Papa, es ist gut, dich endlich glücklich zu sehen".

Ich selbst sage auf Diana Drexlers Vorschlag hin in der Rolle Stefans zu meiner Exfrau: „Du warst meine Frau. Ich danke dir für unsere Kinder. Es tut mir leid, dass ich dir Schmerz zugefügt habe."

Diese Sätze hier aufzuschreiben und wiederzulesen ist fast peinlich. Jedenfalls grotesk. Als würde ich Kirchenfenster von außen betrachten – die Sätze sind grau und stumpf. In den

Aufstellungsmomenten aber haben sie manchmal etwas außergewöhnlich Stimmiges, als würde die Sonne von hinten durch diese Sätze hindurch scheinen und alles zum Strahlen bringen.

Viele dieser simplen Wunschsätze, die der Stellende jahrzehntelang ersehnt hat – oder die er versäumt hat selber auszusprechen –, haben eine derart jähe Kraft, dass ich sogar beim bloßen Zuhören davon ergriffen bin. Die Stellenden entblößen ihr Innerstes, machen sich vor fremden Menschen nackt, angreifbar.

Umso wichtiger ist es, dass sie in einem geschützten Raum verantwortungsvoll begleitet werden.

Das ist einer der Gründe, weshalb Bert Hellinger, der führende Repräsentant der Familienaufstellung, bis heute scharf kritisiert wird. Der bald 90-Jährige leitete viele Jahre lang eine katholische Missionsschule in Südafrika, ehe er, beeinflusst von Methoden der Systemischen Familientherapie (siehe Seite 99), im Laufe der 1970er Jahre seine eigene Form der Familienaufstellung entwickelte. Er fand schnell enormen Zulauf, seine Aufstellungsseminare wuchsen zu Großveranstaltungen mit teilweise mehreren Hundert Zuschauern an. Seine Bücher begeistern Tausende Leser. Viele Anhänger der Alternativpsychologie verehren ihn bis heute.

Seine Kritiker werfen Hellinger indes vor, sich wie ein Messias aufzuführen, seine Macht zu missbrauchen. Er habe Teilnehmer gedemütigt und Todkranke für ihre Leiden selbst verantwortlich gemacht. Hellinger, so heißt es, postuliere unumstößliche Glaubenssätze und vertrete eine konservativkatholische, vorgegebene Familienordnung, der sich all seine Klienten zu unterwerfen hätten.

Verschiedene Therapeutenverbände distanzieren sich inzwischen von seinen radikalen Methoden und einigen seiner Postulate. So betont etwa die „Deutsche Gesellschaft für Systemische Therapie, Beratung und Familientherapie", dass Hellinger die Existenz naturgegebener familiärer Grundordnungen und Hierarchien mit einer Absolutheit vertrete, die die Autonomie der Klienten stark einschränke.

Sie warnt zudem vor häufig unzureichend ausgebildeten Anbietern, die versprechen, gravierende psychische Probleme in einer einzigen Sitzung heilen zu können.

Trotz solcher Bedenken ist die Aufstellungsarbeit inzwischen fester Bestandteil der deutschen Therapielandschaft. Viele ernst zu nehmende Psychotherapeuten greifen auf Elemente der Aufstellung zurück – wenn auch nicht streng nach Hellinger, sondern in abgewandelter und weiterentwickelter Form. Die „Deutsche Gesellschaft für Systemaufstellungen" erkennt mittlerweile rund 300 Aufsteller mit solider Ausbildung als seriös an – 300 von mehreren Tausend Anbietern: Denn im Prinzip darf jedermann Familienaufstellungen abhalten, einheitliche Berufsstandards existieren nicht.

So konnte sich in dieser jungen Disziplin ein Wildwuchs entwickeln, in dem es fast ebenso viele Aufstellungsarten wie Anbieter gibt. Als problematisch gelten insbesondere jene Aufsteller, die keine langjährige psychotherapeutische Ausbildung vorweisen können, die nicht wissen, wie sie mit psychisch labilen Klienten umgehen müssen, und die Bert Hellingers Lehrsätze allzu wörtlich nehmen.

Bei Diana Drexler indes kann ich nichts von der Dogmatik, dem Wahrheitsanspruch oder den Heilsversprechen Hellingers erkennen. Sie kommt mir angenehm behutsam und vorsichtig vor. Sie propagiert auch keine wertkonservativen Rollenmodelle oder Urmuster einer harmonischen Familie.

Zwar orientiert auch sie sich an ordnenden Grundstrukturen: Der Vater steht neben der Mutter, die Kinder werden dem Alter nach von rechts nach links positioniert. Dabei begegnet sie den Stellenden jedoch offen, fragend, achtsam, macht Angebote, die verworfen werden können, etwa: „Sollen wir den früheren Mann deiner Freundin dazunehmen?"

„Nein, nicht wichtig."

„Okay."

Niemand wird in eine familiäre Hierarchie gezwängt, es ist eher ein sanftes Tasten.

Die Therapeutin macht immer wieder Vorschläge, wer noch dazukommen könnte. Das müssen gar nicht immer Menschen sein: „Deine Mutter hat sich also deine ganze Kindheit über nach ihrem Heimatland Frankreich gesehnt? Dann gib doch Frankreich einen Platz."

Und plötzlich steht da „Frankreich" auf dem Teppich und stärkt einer einsamen Frau den Rücken.

Eine Familienaufstellung ist wie eine Erzählung: Sie kann *früher erfahrenen Schmerz* sichtbar machen – und ihn lindern

N

Neben Aufstellungen des Gegenwartssystems, also der aktuellen Situation, wie bei Stefan, gibt es Aufstellungen des Herkunftssystems, also der Vergangenheit, die bis ins Heute nachwirkt – wie bei Ben: Als er fünf Jahre alt war, trennten sich seine Eltern. Die Mutter zog aus, der Vater arbeitete den ganzen Tag. Der Junge wuchs de facto bei der Mutter seines Vaters auf, umgeben von drei Onkeln und zwei Tanten, die ihn zum Teil bis heute bevormunden. „Für die bin ich noch immer ‚der kleine Benni', ein zehnjähriger Junge."

Bens Anliegen: „Ich möchte meinen Platz finden, weil ich mich innerhalb dieser Familie extrem unwohl fühle."

Um das zu erreichen, möchte er sich selbst zweimal in sein Familienbild stellen: einmal den zehnjährigen Benni und einmal „Herrn Ich", wie Ben ihn nennt, „mein Wunsch-Ich, der freie Mensch, der ich immer sein wollte". Ein erwachsener Ben also, der sich gegen seine Verwandten zu behaupten weiß.

Ich werde von ihm als „Benni" zwischen all die Onkel, Tanten und die Oma geschoben. Es fühlt sich vom ersten Moment an furchtbar an. Als stünde ich in einem Möbellager: lauter Körper, die mir auf einmal riesig und ungeschlacht erscheinen, eng an eng, viel zu nah an mir dran. Ohne Mutter, der Vater weit weg in diesem Durcheinander.

Auf der anderen Seite des Raums, entfernt von diesem Körpergerümpel, steht „Herr Ich", der Erwachsene, der sich aus alledem befreit hat. Zu dem will ich unbedingt.

Diesmal greift Diana Drexler stark in die Aufstellung ein. Es ist, als würde sie Ordnung in das Chaos bringen. Sie fragt den wahren Ben, welche der Verwandten ihm gutgetan haben. Die Oma. Tante Ruth. Onkel Max.

Dann gruppiert sie Bens Familienhaufen neu. Ganz nach vorn stellt sie „Herrn Ich". Dahinter seine Eltern, Seite an Seite. In der nächsten Reihe die geliebte Oma, dazu die beiden Großväter, die Ben nie kennengelernt hat. Den Abschluss bilden seine vier Urgroßväter. Nur Tante Ruth und Onkel Max werden seitlich dieser Generationenpyramide positioniert.

Am Ende stelle ich mich, Benni, an die Seite des Herrn Ich. Jetzt kommt es mir stimmig vor, ich fühle mich stolz mit den vielen Erwachsenen im Rücken, meine Lebensunordnung hat sich in einen starken, prächtigen Stammbaum verwandelt.

„Wir alle haben innere Löcher", wird Diana Drexler später sagen, „Mangelgefühle, uns hat etwas gefehlt."

Therapeuten wie sie sind davon überzeugt, dass sich diese Löcher auch im Nachhinein füllen lassen. Die Aufstellungen sind wie rückblickende Erzählungen, die erst einmal den zugefügten Schmerz sichtbar machen, zeigen, wie schlimm es damals war. Und die dann ein neues, harmonischeres Ende zu finden versuchen. Gemäß dem Leitsatz: Es ist nie zu spät, eine schöne Kindheit gehabt zu haben.

Bert Hellinger geht sogar noch weiter. Er behauptet, dass in der Anfangsaufstellung so etwas wie die Wahrheit über eine Familie aufscheine.

Diana Drexler sieht das anders. Sie sagt: „Mir geht es nicht um Wahrheit, sondern um Nützlichkeit, darum, ob das Bild für den Klienten stimmig ist. Und was die Wahrheit angeht: Wir alle erzählen uns Geschichten, die wir irgendwann für unser Leben halten. Wir machen hier subjektive Geschichten sichtbar und zeigen Möglichkeiten für neue Geschichtsschreibungen auf."

Und dann? Was geschieht danach, wenn alle wieder aus dem Schutzraum dieses Seminars nach Hause fahren?

Die Teilnehmer wirken nach den drei Tagen alle sehr erfüllt, zum Abschied umarmen sie sich herzlich. Aber was sagt das schon über tatsächliche Linderung oder Heilung aus?

Vor zwei Jahren hat Diana Drexler als Aufstellungsleiterin an der bislang einzigen größeren Studie zur Wirksamkeit von Systemaufstellungen teilgenommen. Darin wurden 208 Studienteilnehmer auf acht Aufstellungsseminare verteilt. Alle Teilnehmer füllten in zeitlichen Abständen Fragebögen zu ihrem Wohlergehen aus, gaben an, wie sie ihre wichtigen sozialen Systeme erlebten

Stillstand bekämpfen: Wer mithilfe einer Aufstellung das Geschehen in seiner Familie quasi von außen betrachtet, kann verborgene Muster, immer gleiche Handlungen oder Reaktionen, erkennen und verändern

Vielfach kommen in Familienaufstellungen Gefühle zutage, die Betroffene in der Kindheit quälten – und die unerkannt bis ins Erwachsenenalter die Beziehungen zu den Mitmenschen prägen

und inwieweit sie ihre persönlichen Ziele als erfüllt ansahen. Das Ergebnis: Sowohl zwei Wochen nach dem Seminar als auch knapp vier und zwölf Monate später hatte sich das seelische Wohlbefinden der Probanden nachweislich verbessert, die Teilnehmer waren in ihren privaten Beziehungssystemen zufriedener und ihren persönlichen Zielen näher gekommen. Allerdings lag die gemessene Veränderung unter dem Wert herkömmlicher, langfristiger Einzel-Psychotherapien.

Zudem räumten die Autoren der Studie Mängel ein: Die Teilnehmer (hauptsächlich Frauen) waren alle im psychosozialen Bereich berufstätig, geistig gesund und hatten schon positive Vorerfahrungen mit der Aufstellungsarbeit gemacht.

Dennoch gibt es aus streng wissenschaftlicher Sicht nun erste Hinweise darauf, dass eine Aufstellung – professionell angeleitet – tatsächlich einen therapeutischen Nutzen hat.

W

Wie ist es den Teilnehmern des Seminars ergangen, das ich besucht habe? Es gehe, sagte Diana Drexler zum Abschied, nicht darum, nach Hause zu fahren mit dem Vorsatz: Jetzt sage ich denen alles, was ich ihnen immer schon sagen wollte – sondern darum, „dass das Bild erst einmal in dir bleibt".

Und: Ist es geblieben? Und wenn ja, was hat das für Auswirkungen?

Als ich Stefan sechs Wochen später anrufe, klingt er sehr positiv: Er erlebe sich seither „als sehr klar und selbstbestimmt", sogar seine Partnerin nehme die Veränderung wahr.

Immerzu habe er das Schlussbild vor Augen, wie wir da „endlich wirklich nebeneinander stehen, Hand in Hand. Ich war mir vorher nicht bewusst, dass ich selbst das Problem war, dass ich mich ständig in eine vage Unverbindlichkeit flüchtete und mich nie wirklich zu meiner Freundin bekannt habe."

Hat er diese Unverbindlichkeit jetzt abgelegt? Stefan lacht am Telefon: „Wir planen, ein Haus zu bauen."

Ben hingegen fiel am Abend nach seiner Aufstellung in einen ohnmachtsähnlichen Schlaf, so sehr hatte ihn das Seminar mitgenommen. Nach einer Woche begann es dann in ihm zu arbeiten. „Es hat sehr viel ausgelöst in mir", sagt er später und erzählt von einem jährlich stattfindenden Familienfest, auf dem er kürzlich war: Die Onkel, Tanten und der Vater treffen sich am Todestag seiner Großmutter, „der einzige Anker, den die Familie hat, und da wird dann gesoffen. Eigentlich graut mir da jedes Mal davor."

Doch diesmal war es ganz anders als sonst. „Ich konnte mich abgrenzen, konnte mit der Tante und dem Onkel, an denen mir wirklich etwas liegt, sehr gut reden, und nach drei Stunden, bevor das große Besäufnis in Fahrt kam, sagte ich, vielen Dank, feiert schön ohne mich weiter."

Und dann war da noch Hans. Der Mann, der sich so sehnlichst eine bessere Beziehung zu seiner pubertierenden Tochter gewünscht hatte. Er erzählt am Telefon von einem Traum, den er in der Nacht zuvor hatte: „Wir lassen zu mehreren ein Boot ins Wasser. Ich sitze vorn, aber irgendetwas stimmt nicht. Der Bug ist breit statt spitz. Erst als ich das Schiff entschlossen drehe, passt es mit einem Mal: Die anderen Passagiere (es sind unsere Kinder) sitzen jetzt vorn. Ich stehe hinten, halte das Steuerruder und bin für die anderen da."

Was für eine gleichsam „traumhafte" Umsetzung von Diana Drexlers Vergleich mit dem Lebensboot, das sich zuweilen im Gestrüpp verfängt und „wenn es klappt, erhält dein Boot einen ‚Anstoß', und du kommst wieder in anderes Fahrwasser". Es scheint funktioniert zu haben: Mit der pubertierenden Tochter läuft es seither besser.

Heißt das, dass Aufstellungen eine allein selig machende Lösung sind? Bestimmt nicht. Aber jenen Teilnehmern, die ich später angerufen habe (es waren noch drei weitere, deren Fälle hier nicht geschildert wurden), hat das Seminar zumindest in einer Lebensfrage fürs Erste weitergeholfen. Sie alle verhalten sich jetzt anders als früher, fühlen sich nicht mehr hilflos ausgeliefert, sondern haben begonnen – wenn auch zaghaft – das Miteinander in ihren Familien selbst zu gestalten.

Nicht schlecht für ein Dreitagesseminar.

♦

Alex Rühle, Jg. 1980, ist Redakteur der »Süddeutschen Zeitung«. **Katrina d'Autremont,** Jg. 1969, lebt in Philadelphia und New York.

Wenn Familie krank macht

Die Ursachen seelischer Qualen liegen oft im direkten Umfeld des Betroffenen. Daher beziehen Therapeuten häufig auch die Angehörigen in eine Behandlung ein. Hier ein Überblick über die wichtigsten Methoden

Gut 100 Jahre ist es her, dass Wissenschaftlern, Ärzten und Psychotherapeuten aufging: Wenn ein Mensch seelisch leidet, liegt die Ursache dafür oft nicht allein bei ihm. Sondern auch in seinem Umfeld, vor allem im Kreis jener, die dem Betroffenen besonders nahestehen: der Familie.

Deshalb begannen die sich damals entwickelnden psychotherapeutischen Denkschulen, bei der Behandlung auch Familienmitglieder einzubeziehen und die Interaktion der Menschen zu beobachten. Im Folgenden werden vier in Deutschland übliche Verfahren, ihr Ursprung, ihre Grundgedanken und ihre Wirkungsweise vorgestellt.

Psychoanalytische Familientherapie

Eine Psychotherapie gleiche einem chirurgischen Eingriff, glaubte Sigmund Freud, der Begründer der Psychoanalyse. Und wie im Operationssaal dürften auch bei einer Behandlung der Seele keine Angehörigen anwesend sein. Denn wenn der Chirurg das Skalpell ansetze, würde das Geschrei der Umstehenden nur stören, schrieb Freud 1917.

In seiner Vorstellung der menschlichen Seele aber, die er der Psychoanalyse zugrunde legte, spielte die Familie dagegen eine zentrale Rolle. Denn die Erfahrungen, die ein Kind mit seinen Eltern und Geschwistern macht, prägen es für das weitere Leben, so mutmaßte der Wiener Arzt. Auch ein seelisches Leiden oder ein zwischenmenschlicher Konflikt wurzelt demnach fast immer in der Kindheit.

Daher begannen Freuds Gefolgsleute, auch Angehörige in die Behandlung eines Betroffenen miteinzubeziehen – Eltern, Geschwister, Großeltern –, und so entwickelte sich eine eigenständige Therapieform: die Psychoanalytische Familientherapie. Anders als in Freuds Ur-Therapie versucht der Behandelnde, nicht nur die Erfahrungen aus der Kindheit des Patienten aufzudecken, sondern auch herauszufinden, welche Erlebnisse die früheren Generationen belastet haben.

Dazu befragt er, wenn möglich, alle Familienmitglieder. Denn ein Trauma, ausgelöst etwa durch einen Unfall oder einen Krieg, kann noch Generationen später nachwirken: vermag psychische Störungen oder Streitigkeiten in Partnerschaften und Familien zu verursachen. Psychoanalytische Familientherapeuten versuchen nun in Gesprächen, solche, mitunter weit zurückliegenden Geschehnisse aufzudecken.

Sie bitten die Familienmitglieder darüber hinaus, Szenen nachzuspielen, in denen üblicherweise Konflikte entstehen. Was anfangs nur Spiel sein mag, wird allmählich Wirklichkeit, denn die Szenerie weckt wahrhaftige Gefühle.

In weiteren Sitzungen können die Betroffenen dann die Emotionen gemeinsam mit dem Therapeuten aufarbeiten. Und schließlich erkennen, weshalb sie handeln, wie sie handeln – und dies im besten Fall verändern.

Diese Therapie wird von den gesetzlichen Krankenkassen anerkannt, aber nur, wenn damit eine psychische Erkrankung eines Familienmitglieds behandelt werden soll. Steht ein Konflikt in der Familie im Mittelpunkt, werden die Kosten nicht erstattet. Eine Kurzzeittherapie ist mitunter nach einigen Monaten abgeschlossen und soll dabei helfen, in einer akuten Krise Linderung zu verschaffen. Eine Langzeittherapie dauert dagegen oft mehrere Jahre und soll Interaktionen innerhalb einer Familie grundlegend verändern.

Systemische Familientherapie

Im Jahr 1951 behandelte die Amerikanerin Virginia Satir mit den Methoden der konventionellen Psychoanalyse eine junge Frau, die an einer schweren psychischen Störung litt.

Nach sechs Monaten hatte die Therapeutin erste Erfolge. Doch als sie zu einem der Treffen mit der Patientin auch deren Mutter einlud, verhielt sich die junge Frau wieder wie in den ersten Behandlungsstunden. Daraufhin begann Virginia Satir, mit beiden Frauen zu arbeiten – und bat nach einigen Fortschritten den Vater hinzu. Erneut gab es einen Rückschritt: Tochter und Mutter benahmen sich wie zu Beginn der Behandlung. Die Ursache der Krankheit lag offenbar nicht allein bei der Patientin, sondern war auch durch die Familie bedingt.

THERAPIE-METHODEN

Nach diesen Erfahrungen gründete Virginia Satir mit Kollegen ein Forschungsinstitut, an dem sie die Kommunikation in Familien untersuchte; sie gilt seither als Pionierin der Systemischen Familientherapie.

Die Bezeichnung geht auf die Grundannahme dieser Therapieform zurück: Leidet die Seele eines Menschen, liegt ein Teil der Ursache in seinen Beziehungen zu anderen. Im Fokus der Therapie steht also sein Umfeld, sein „soziales System"; vornehmlich die Beziehungen zu Eltern, Geschwistern, Lebenspartnern und Freunden.

Aus der Sicht Systemischer Therapeuten ist – anders als aus der Perspektive von Psychoanalytikern – nicht das Individuum krank, sondern das System. Das Leiden des Einzelnen ist ein Symptom dafür, dass im Geflecht der Beziehungen insgesamt ein Problem vorliegt. Zu den Sitzungen sollten daher möglichst alle Mitglieder einer Familie kommen, notwendig ist das jedoch nicht.

Therapeuten haben inzwischen eine Vielzahl von Methoden entwickelt, deren Ziel es ist, das Beziehungsgefüge neu zu sortieren. Charakteristisch für die Systemische Familientherapie sind unter anderem Familienaufstellungen oder auch das Genogramm – eine Art Stammbaum, der auch besondere Ereignisse wie Scheidungen oder Abtreibungen verzeichnet.

Eine wichtige Technik, um zum Kern des Problems vorzudringen, ist das „zirkuläre Fragen": Der Therapeut erkundigt sich dabei nicht wie üblich nach den Gedanken eines Patienten, sondern wendet sich stattdessen etwa an dessen Vater: „Was meinen Sie, wie sich Ihr Sohn gerade fühlt?"

So sollen die Familienmitglieder dazu bewegt werden, sich in die anderen hineinzuversetzen, ihre Perspektive zu wechseln und das Geschehen von einem anderen Standpunkt aus zu betrachten.

Jede Frage, davon sind Systemische Therapeuten überzeugt, kann das Familiengefüge verändern: Denn kaum ist sie gestellt, beginnen die Familienmitglieder, sich anders zu verhalten als zuvor.

Zugleich geben die Angehörigen in ihren Antworten viel darüber preis, wie sie selbst über andere denken und darauf reagieren. Auf diese Weise können auch eingefahrene Umgangsformen der jeweiligen Person offenkundig werden, die niemandem bewusst sind, obwohl sie Schaden anrichten. Denn eine Systemische Familientherapie dient nie dazu, nur einer Person zu helfen. Immer soll die Interaktion im Beziehungsgeflecht verbessert werden – zum Nutzen aller.

In manchen Fällen genügen wenige Sitzungen im Abstand einiger Wochen; üblich sind zehn bis 15 Termine. Das Verfahren hat sich bei zahlreichen psychischen Erkrankungen bewährt, wird aber auch bei Familien mit starken Konflikten oder in sozialen Brennpunkten eingesetzt, mitunter als Maßnahme des Jugendamtes.

Seit 2008 zählt die Systemische Therapie zu den wissenschaftlich anerkannten Behandlungsverfahren in Deutschland. Von den gesetzlichen Krankenkassen wird sie aber bislang nur in Ausnahmen bezahlt. Ist das Wohl eines Minderjährigen gefährdet, übernimmt unter Umständen das Jugendamt die Kosten.

Verhaltenstherapeutische Familientherapie

Erst vor allem in den USA, später auch in Deutschland entwickelte sich in den 1950er Jahren eine Therapieform, deren Verfechter annehmen, dass Verhalten und Gefühle eines Menschen weniger von verborgenen Wünschen oder Konflikten abhängen, sondern besonders davon, welchen Reizen er ausgesetzt ist. Verändert man diese Reize, so die Überlegung, ruft man eine andere Reaktion hervor. Dieses eher mechanische Verständnis der menschlichen Psyche liegt der Verhaltenstherapeutischen Familientherapie zugrunde.

In der Verhaltenstherapie handeln Familienmitglieder neue Regeln für das Zusammenleben aus

Dabei steht im Mittelpunkt, welche Verhaltensweisen die Mitglieder einer Familie zeigen und auf welche Weise sie ihre Gedanken und Gefühle, Bedürfnisse und körperlichen Empfindungen wahrnehmen und ausdrücken (kognitive Verhaltenstherapie). Zwar gilt die Kommunikation innerhalb einer Familie nicht als unmittelbare Ursache eines psychischen Leidens – aber doch als wichtiger Auslöser für Stress, der langfristig das Risiko einer psychischen Erkrankung erhöht.

Anders als in der Systemischen Therapie setzen die Behandelnden nicht vornehmlich darauf, dass die Mitglieder einer Familie neue Einsichten und Perspektiven gewinnen.

Sondern sie versuchen, konkret ihr Verhalten und ihre Kommunikation zu verändern.

Im ersten Schritt müssen die Betroffenen erkennen, was für ein Verhalten und welches Gedankenmuster sie sich angeeignet haben, wie sie üblicherweise reagieren.

Dazu sollen die Familienmitglieder auch in ihrem Alltag genau beobachten, in welchen Situationen sie voreilig Schlüsse ziehen oder immer wieder zu gewohnten Gedanken neigen. Ob eine Tochter sich vielleicht nicht ernst genommen fühlt, wenn die Eltern ihr die Übernachtung bei Freunden versagen.

Im zweiten Schritt sollen Übungen während der Sitzungen und daheim den Betroffenen helfen, neue Verhaltensweisen zu erlernen. Dabei können unter anderem Rollenspiele nützlich sein, in denen der Therapeut die Familienmitglieder dabei unterstützt, sich konfliktreichen Situationen zu stellen, denen sie eher ausweichen, etwa einem Streit. Bei den Treffen trainieren die Beteiligten, Gefühle so auszudrücken, dass sie die anderen nicht verletzen; die Eltern in dem oben erwähnten Beispiel können etwa erklären, weshalb sie ihrer Tochter eine Übernachtung nicht gestatten. Dabei lassen sich Prinzipien für das Zusammenleben aushandeln, etwa für Lob und Strafe, und in „Verhaltensverträgen" gemeinsam festlegen.

Auslöser für eine Verhaltenstherapeutische Familientherapie sind meist psychische Leiden oder Verhaltensauffälligkeiten von Kindern oder Jugendlichen, etwa eine Ess-Störung, Suchtverhalten oder übermäßige Aggression. Stellt sich heraus, dass auch andere familiäre Probleme auftreten, die in engem Zusammenhang dazu stehen, etwa ein Paarkonflikt, so werden auch sie behandelt.

In der Regel dauert eine Therapie nur wenige Wochen bis Monate – länger aber, wenn das gesamte Familiengefüge in den Fokus rückt. Die Verhaltenstherapie ist eine von den gesetzlichen Krankenkassen anerkannte Behandlungsform. Auch fließen die Konzepte und Methoden häufig in Trainings oder Beratungen ein, in denen Eltern Erziehungsmethoden erlernen oder Angehörige den Umgang mit familiären Konflikten üben.

Mediation

Droht eine Familie an einem Konflikt zu zerbrechen, etwa nach einer Scheidung oder Erbschaft, so kann auch eine Mediation helfen. Dieses Verfahren zur Schlichtung von Streitigkeiten entstand in den 1970er Jahren in den USA, um Gerichte zu entlasten. Inzwischen hat es sich auch als professionelle Hilfe für Familien etabliert.

Der Grundsatz der Mediation orientiert sich unter anderem am Menschenbild der Humanistischen Psychologie, einer in den 1960er Jahren in den USA entstandenen Strömung der Psychologie. Danach trägt jeder Mensch die Lösung für ein Problem in sich, er kennt seine Lebenssituation besser als jeder Berater.

Die Aufgabe des Mediators ist es, diese Lösung zu erarbeiten, gewissermaßen freizulegen. Er gibt daher niemals Ratschläge, sondern stellt vor allem Fragen.

Bei einem solchen Vorgehen sollten möglichst alle betroffenen Familienmitglieder gemeinsam den Mediator treffen – einen Psychologen, Anwalt oder Richter mit einer Zusatzausbildung. Nicht selten kommen auch mehrere Mediatoren zusammen, zum Beispiel jeweils einer mit psychologischer und juristischer Bildung.

Ist sich ein Paar nach einer Trennung beispielsweise nicht einig, wie viel Zeit das gemeinsame Kind bei Mutter oder Vater verbringen soll, wird sich der Mediator bei den Eltern präzise nach den jeweiligen Beweggründen erkundigen.

Er fragt zum Beispiel: „Weshalb möchten Sie die Kinder jedes Wochenende sehen?", „Warum könnte ein Besuch dem Kind nicht guttun?", „Würden Sie bei jedem anderen Menschen genauso reagieren?" oder „Was würde geschehen, wenn Sie unnachgiebig blieben?".

Ziel des Verfahrens ist, dass jeder Betroffene die eigenen Ansichten infrage stellt und einen neuen Blickwinkel auf die Situation des anderen bekommt. Dabei zeigt sich nicht selten, dass der Streit nur das Sympton eines grundsätzlichen Konfliktes ist, etwa um Distanz und Nähe, Freiheit und Sicherheit.

Schließlich sollen die Streitenden eine einvernehmliche Lösung aushandeln, einen Kompromiss, mit dem alle Beteiligten sich wohl fühlen. Anders als in einem Gerichtsverfahren gibt es deshalb nicht das Risiko, nur zu verlieren und nichts zu gewinnen.

In einer schriftlichen Vereinbarung halten die Beteiligten gemeinsam fest, was jeder Einzelne zu tun hat, welche Regeln künftig gelten sollen oder welchen Situationen man ausweichen wird.

Eine Mediation ist stets vertraulich, alle Beteiligten sind zum Schweigen verpflichtet. So soll vermieden werden, dass das Gesagte in einem möglichen Rechtsstreit vor Gericht verwendet wird. *Jana Hauschild*

Skihelmeglühweinfaszienrollen

Ab 27.11. im Handel!

Ab 28.12. im Handel!

Wir testen alles. Testen Sie uns!

ÖKO-TEST-Magazin – für Sie monatlich am Kiosk!

Bestellen Sie auch direkt per Telefon 069/365 06 26 26 oder im Shop unter shop.oekotest.de

Spannungsfeld Familie

Auch wenn das Zusammenleben in einer Familie grundsätzlich von Liebe und Zuneigung geprägt sein sollte, kommt es ab und an unweigerlich zu Reibungen und Auseinandersetzungen: mit dem Partner, den Kindern oder Verwandten. Vielfach resultieren solche Schwierigkeiten auch aus den unterschiedlichen Anforderungen von Berufsleben und Privatleben. Die beiden Tests in diesem Dossier können Konflikte zwar nicht auflösen, aber deutlich machen, wie stark Sie im Vergleich zu anderen Menschen von ihnen betroffen sind. Und wie Sie besser mit Belastungen umgehen können

INHALT

♦

Redaktionelle Bearbeitung: **Jochen Paulus**

Wie gehen Sie mit Konflikten in der Familie um?

Zu Auseinandersetzungen kommt es in jeder Familie – wichtig ist, wie die Betreffenden damit umgehen. Mit diesem Test können Sie feststellen, wie konstruktiv Sie persönlich sich verhalten und was Sie vielleicht verbessern könnten.

Der Test erfasst Ihre Verhaltensweisen in vier Bereichen: wenn Sie zum Beispiel wichtige Familienangelegenheiten alleine erledigen müssen, wenn es zu Streit mit dem Partner kommt, wenn Sie durch Ihre Kinder gestresst sind und wenn sich jemand aus der Verwandtschaft einmischt.

Der Test ist eine Kurzfassung eines umfangreichen Verfahrens, das der Sozialpsychologe Professor Torsten Klemm entwickelt und an 300 deutschen Eltern überprüft hat.

Anleitung:

Im Folgenden finden Sie eine Reihe von Situationen, die im Familienalltag auftreten können. Bitte stellen Sie sich zu jeder Beschreibung eine Situation vor, die Sie konkret erlebt haben, und kreuzen Sie an, zu welchen Reaktionen, Gefühlen und Handlungen Sie in einer solchen Situation neigen. Bitte lassen Sie keine Zeile aus.

Bereich Individuum:

Wenn mein Partner von mir verlangt, etwas alleine zu erledigen, ...*

		nie	manch-mal	oft	(fast) immer	
1.	weiß ich nicht, was ich tun soll.	0	1	2	3	
2.	mache ich mir viele Gedanken, was daraus noch wird.	0	1	2	3	
3.	fällt es mir schwer, zu erkennen, was richtig und was falsch ist.	0	1	2	3	
4.	bin ich der Verzweiflung nah.	0	1	2	3	
5.	weiß er/sie genau, was ich dazu denke.	0	1	2	3	
6.	suche ich körperliche Nähe.	0	1	2	3	
7.	spüre ich mit ihm/ihr eine innere Verbundenheit.	0	1	2	3	
8.	mag ich ihn/sie trotzdem.	0	1	2	3	
9.	bin ich innerlich aufgewühlt.	0	1	2	3	
10.	spüre ich Wut in mir aufsteigen.	0	1	2	3	
11.	stoße ich Drohungen aus.	0	1	2	3	
12.	erteile ich schon mal einen „Klaps“.	0	1	2	3	
13.	suche ich noch einmal das Gespräch.	0	1	2	3	
14.	zeige ich, wie es mir damit geht.	0	1	2	3	
15.	stecke ich meine Wünsche zurück.	0	1	2	3	
16.	äußere ich mehrere Vorschläge, um zu einer Lösung zu kommen.	0	1	2	3	

* Und dabei das Gefühl entsteht, ein Problem ohne Unterstützung lösen zu müssen.

Bereich Paarbeziehung:
Wenn sich mein Partner mit mir streitet, ...

	nie	manch-mal	oft	(fast) immer	
17. weiß ich nicht, was ich tun soll.	0	1	2	3	
18. mache ich mir viele Gedanken, was daraus noch wird.	0	1	2	3	
19. fällt es mir schwer, zu erkennen, was richtig und was falsch ist.	0	1	2	3	
20. bin ich der Verzweiflung nah.	0	1	2	3	
21. weiß er/sie genau, was ich dazu denke.	0	1	2	3	
22. suche ich körperliche Nähe.	0	1	2	3	
23. spüre ich mit ihm/ihr eine innere Verbundenheit.	0	1	2	3	
24. mag ich ihn/sie trotzdem.	0	1	2	3	
25. bin ich innerlich aufgewühlt.	0	1	2	3	
26. spüre ich Wut in mir aufsteigen.	0	1	2	3	
27. stoße ich Drohungen aus.	0	1	2	3	
28. erteile ich schon mal einen „Klaps“.	0	1	2	3	
29. suche ich noch einmal das Gespräch.	0	1	2	3	
30. zeige ich, wie es mir damit geht.	0	1	2	3	
31. stecke ich meine Wünsche zurück.	0	1	2	3	
32. äußere ich mehrere Vorschläge, um zu einer Lösung zu kommen.	0	1	2	3	

Bereich Eltern-Kind-Verhältnis:
Wenn ich durch meinen Sohn oder meine Tochter gestresst bin, ...

	nie	manch-mal	oft	(fast) immer	
33. weiß ich nicht, was ich tun soll.	0	1	2	3	
34. mache ich mir viele Gedanken, was daraus noch wird.	0	1	2	3	
35. fällt es mir schwer, zu erkennen, was richtig und was falsch ist.	0	1	2	3	
36. bin ich der Verzweiflung nah.	0	1	2	3	
37. weiß er/sie genau, was ich dazu denke.	0	1	2	3	
38. suche ich körperliche Nähe.	0	1	2	3	
39. spüre ich mit ihm/ihr eine innere Verbundenheit.	0	1	2	3	
40. mag ich ihn/sie trotzdem.	0	1	2	3	
41. bin ich innerlich aufgewühlt.	0	1	2	3	

Wenn ich durch meinen Sohn oder meine Tochter gestresst bin, ...

		nie	manch-mal	oft	(fast) immer	
42.	spüre ich Wut in mir aufsteigen.	0	1	2	3	
43.	stoße ich Drohungen aus.	0	1	2	3	
44.	erteile ich schon mal einen „Klaps“.	0	1	2	3	
45.	suche ich noch einmal das Gespräch.	0	1	2	3	
46.	zeige ich, wie es mir damit geht.	0	1	2	3	
47.	stecke ich meine Wünsche zurück.	0	1	2	3	
48.	äußere ich mehrere Vorschläge, um zu einer Lösung zu kommen.	0	1	2	3	

Bereich Verwandtschaft:

Wenn sich jemand aus der erweiterten Familie einmischt, ...

		nie	manch-mal	oft	(fast) immer	
49.	weiß ich nicht, was ich tun soll.	0	1	2	3	
50.	mache ich mir viele Gedanken, was daraus noch wird.	0	1	2	3	
51.	fällt es mir schwer, zu erkennen, was richtig und was falsch ist.	0	1	2	3	
52.	bin ich der Verzweiflung nah.	0	1	2	3	
53.	weiß er/sie genau, was ich dazu denke.	0	1	2	3	
54.	suche ich körperliche Nähe.	0	1	2	3	
55.	spüre ich mit ihm/ihr eine innere Verbundenheit.	0	1	2	3	
56.	mag ich ihn/sie trotzdem.	0	1	2	3	
57.	bin ich innerlich aufgewühlt.	0	1	2	3	
58.	spüre ich Wut in mir aufsteigen.	0	1	2	3	
59.	stoße ich Drohungen aus.	0	1	2	3	
60.	erteile ich schon mal einen „Klaps“.	0	1	2	3	
61.	suche ich noch einmal das Gespräch.	0	1	2	3	
62.	zeige ich, wie es mir damit geht.	0	1	2	3	
63.	stecke ich meine Wünsche zurück.	0	1	2	3	
64.	äußere ich mehrere Vorschläge, um zu einer Lösung zu kommen	0	1	2	3	

Testauswertung

Der Test erfasst in den vier erfragten Bereichen jeweils die vier Verhaltensweisen Besorgtheit (blau), Verbundenheit (orangefarben), Aggressivität (rot) und Kommunikationsbereitschaft (grün). Damit Sie Ihren jeweiligen Wert ermitteln können, übertragen Sie bitte die angekreuzten Zahlen in die farbigen Kästchen am Ende jeder Frage. Addieren Sie dann jeweils die Werte in den Kästchen mit gleicher Farbe, und tragen Sie das Ergebnis in das folgende Raster ein.

Bereich Individuum (Frage 1–16):

Wenn mein Partner von mir verlangt, etwas allein zu erledigen.

Besorgtheit	
Verbundenheit	
Aggressivität	
Kommunikationsbereitschaft	

Bereich Paarbeziehung (Frage 17–32):

Wenn sich mein Partner mit mir streitet.

Besorgtheit	
Verbundenheit	
Aggressivität	
Kommunikationsbereitschaft	

Bereich Eltern-Kind-Verhältnis (Frage 33–48):

Wenn ich durch meinen Sohn oder meine Tochter gestresst bin.

Besorgtheit	
Verbundenheit	
Aggressivität	
Kommunikationsbereitschaft	

Bereich Verwandtschaft (Frage 49–64):

Wenn sich jemand aus der erweiterten Familie einmischt.

Besorgtheit	
Verbundenheit	
Aggressivität	
Kommunikationsbereitschaft	

Nun können Sie im folgenden Teil sehen, wie weit Ihre Stärken und Schwächen im jeweiligen Bereich ausgeprägt sind.

(Es kann dabei durchaus vorkommen, dass Ihre Verhaltensweisen in den vier Bereichen unterschiedlich ausfallen, Sie sich beispielsweise im Verhältnis zu Ihrem Partner mehr Sorgen machen als gegenüber der Verwandtschaft.)

Besorgtheit

Bereich Individuum	**0 Punkte**
Bereich Paarbeziehung	**0–1 Punkte**
Bereich Eltern-Kind-Verhältnis	**0–1 Punkte**
Bereich Verwandtschaft	**0–1 Punkte**

Sie machen sich bei Konflikten weniger Sorgen als die meisten Menschen, jedenfalls in den Lebensbereichen, in denen Sie eine niedrige Punktzahl erreicht haben. Daher sollten Sie zumindest in diesen Fällen kaum Schwierigkeiten haben, mit Problemen gut umzugehen. Möglicherweise machen Sie es sich mit Streitpunkten allerdings gelegentlich etwas zu leicht, was dazu führen kann, dass Sie berechtigte Interessen anderer Familienmitglieder nicht ernst genug nehmen.

Bereich Individuum	**1–4 Punkte**
Bereich Paarbeziehung	**2–6 Punkte**
Bereich Eltern-Kind-Verhältnis	**2–5 Punkte**
Bereich Verwandtschaft	**2–5 Punkte**

Ihre Sorgen halten sich im normalen Rahmen. Manchmal wissen Sie nicht recht weiter, doch das ist nicht die Regel. Sie könnten jedoch überlegen, ob Sie etwas in jenen Lebensbereichen verbessern wollen, in denen Sie relativ viele Punkte erhalten haben: etwa indem Sie überdenken, ob Ihre Sorgen tatsächlich realistisch sind und sich in der Vergangenheit bewahrheitet haben.

Bereich Individuum	**5–12 Punkte**
Bereich Paarbeziehung	**7–12 Punkte**
Bereich Eltern-Kind-Verhältnis	**6–12 Punkte**
Bereich Verwandtschaft	**6–12 Punkte**

Sie sorgen sich bei Konflikten deutlich mehr als andere Menschen. Das gilt besonders, wenn Sie in mehreren Bereichen auf diese hohen Werte kommen. Das erschwert es Ihnen, stabile Beziehungen zu haben. Denn es ist schwierig für andere, mit wenig gelassenen und anscheinend grundlos besorgten Angehörigen zurechtzukommen. Vielleicht befinden Sie sich gerade in einer Krisensituation. Falls dieser Zustand allerdings schon länger andauert, sollten Sie überlegen, warum Sie in den entsprechenden Bereichen so viele Sorgen haben und was Sie dagegen tun könnten. Eventuell kann ein Therapeut helfen, Ängste zu überwinden und sicherer aufzutreten.

Verbundenheit

Bereich Individuum	**0–4 Punkte**
Bereich Paarbeziehung	**0–3 Punkte**
Bereich Eltern-Kind-Verhältnis	**0–5 Punkte**
Bereich Verwandtschaft	**0–2 Punkte**

Wenn es zu Konflikten kommt, empfinden Sie wenig Verbundenheit mit Ihrem Partner, Ihrem Kind oder Ihren Verwandten. Das kann dazu führen, dass Sie sich in Zukunft noch weniger auf andere Menschen einlassen und so in einen Teufelskreis geraten. Das sollten Sie möglichst vermeiden. Auch wenn es banal klingt: Ein guter Anfang könnte es sein, mehr mit anderen zu reden – nicht nur über den Job oder die Schule, sondern auch über Persönliches.

Bereich Individuum	**5–9 Punkte**
Bereich Paarbeziehung	**4–9 Punkte**
Bereich Eltern-Kind-Verhältnis	**6–10 Punkte**
Bereich Verwandtschaft	**3–7 Punkte**

Sie fühlen sich Ihrem Partner, Ihrem Kind oder Ihren Verwandten etwa so nahe wie die meisten Menschen. Auch wenn es mal schwierig ist, verlieren Sie nicht gleich den Glauben an die Beziehung. Kein Grund zur Sorge also. Aber wenn Sie in den entsprechenden Bereichen Ihre Verbundenheit vertiefen möchten, besteht dazu durchaus noch Spielraum.

Bereich Individuum	**10–12 Punkte**
Bereich Paarbeziehung	**10–12 Punkte**
Bereich Eltern-Kind-Verhältnis	**11–12 Punkte**
Bereich Verwandtschaft	**8–12 Punkte**

Sie empfinden in dem entsprechenden Bereich mehr Nähe und Verbundenheit, als dies den meisten Menschen gelingt. Besonders häufig kommt das bei Paaren am Beginn der Beziehung vor, in der Phase der größten Verliebtheit. Es kann allerdings passieren, dass die Verbundenheit gar zu groß wird und die eigenen Bedürfnisse deshalb nicht genügend berücksichtigt werden. Auch Überfürsorge kann die Folge sein, sowohl gegenüber Partnern wie auch gegenüber Kindern und Verwandten.

Diese Gefahr sollten Sie im Auge behalten, weil sonst zu wenig Raum für die Eigenständigkeit der Familienmitglieder bleibt.

Kommunikationsbereitschaft

Bereich Individuum 0–3 Punkte
Bereich Paarbeziehung 0–4 Punkte
Bereich Eltern-Kind-Verhältnis 0–4 Punkte
Bereich Verwandtschaft 0–3 Punkte

Konflikte im Gespräch zu klären, das liegt Ihnen offenbar nicht besonders. Vielleicht reden Sie einfach ungern über Ihre Gefühle oder fühlen sich unwohl, wenn andere es tun. Offen seinen Standpunkt zu vertreten ist sicher nicht immer einfach. Aber Partner, Kinder und Verwandte sind nun mal keine Arbeitskollegen, mit denen man vor allem sachliche Probleme lösen muss. Es würde Ihrem Familienleben guttun, offener miteinander zu reden. Ihre Kompromissbereitschaft scheint auch nicht besonders stark ausgeprägt zu sein. Überlegen Sie, ob Sie nicht in manchen Konflikten flexibler sein könnten. Das alles lässt sich nicht erzwingen, aber Sie sollten es zumindest versuchen.

Bereich Individuum 4–7 Punkte
Bereich Paarbeziehung 5–8 Punkte
Bereich Eltern-Kind-Verhältnis 5–10 Punkte
Bereich Verwandtschaft 4–7 Punkte

Sie liegen hier im mittleren Bereich, und das ist sehr gut: Wenn es Konflikte gibt, sind Sie bereit, darüber zu reden und offen zu sagen, wie es Ihnen geht. In manchen Fällen könnten Sie das vielleicht noch etwas intensivieren. Sie machen aber andererseits nicht so lange Kompromissvorschläge, bis alle zufrieden sind außer Ihnen, sondern sagen auch mal deutlich, was Sie wollen. Das ist vernünftig, Sie müssen nur aufpassen, dass andere nicht zu kurz kommen, wenn Sie Ihre Interessen durchsetzen.

Bereich Individuum 8–12 Punkte
Bereich Paarbeziehung 9–12 Punkte
Bereich Eltern-Kind-Verhältnis 11–12 Punkte
Bereich Verwandtschaft 8–12 Punkte

Bei Konflikten sind Sie bereit, lange und offen zu reden. Das bekommt Ihrem Familienleben wahrscheinlich gut. Sie sind auch immer bereit, Kompromisse einzugehen, was ebenfalls erst einmal positiv ist. Sie sollten nur achtgeben, dass Sie dabei selbst nicht zu kurz kommen und am Ende unzufrieden sind, weil Ihre Wünsche unerfüllt bleiben. Gefährdet sind hier vor allem Mütter, weil sie traditionell mehr auf Harmonie in der Familie bedacht sind als Väter.

Aggressivität

Bereich Individuum 0 Punkte
Bereich Paarbeziehung 0–1 Punkte
Bereich Eltern-Kind-Verhältnis 0–1 Punkte
Bereich Verwandtschaft 0–1 Punkte

Sie spüren keine großen Gefühlswallungen, wenn Sie einen Konflikt mit Partner, Kind oder Verwandten erleben. Sie werden auch nicht aggressiv, und das ist gut. Zum Problem kann eine niedrige Bereitschaft zur Auseinandersetzung allerdings werden, wenn Sie sich von anderen auf der Nase herumtanzen lassen, statt auf Ihre eigenen Bedürfnisse und legitimen Wünsche zu pochen. Ein Mangel an Aggressivität kann „aufgestaute Gefühle" und eine übergroße Abhängigkeit zur Folge haben.

Bereich Individuum 1–3 Punkte
Bereich Paarbeziehung 2–5 Punkte
Bereich Eltern-Kind-Verhältnis 2–5 Punkte
Bereich Verwandtschaft 2–4 Punkte

Sie liegen in der goldenen Mitte. Sie werden eher nicht aggressiv, wenn es Konflikte gibt, aber Sie lassen sich auch nicht alles gefallen und stellen nicht ständig Ihre eigenen Bedürfnisse hinten an. Achten Sie darauf, dass dies so bleibt.

Bereich Individuum 4–12 Punkte
Bereich Paarbeziehung 6–12 Punkte
Bereich Eltern-Kind-Verhältnis 6–12 Punkte
Bereich Verwandtschaft 5–12 Punkte

Auseinandersetzungen lassen schnell intensive Gefühle in Ihnen hochkochen. Wenn Sie damit konstruktiv umgehen, können Sie Ihre legitimen Wünsche durchsetzen, ohne Grenzen zu überschreiten. Es könnte allerdings die Gefahr bestehen, dass Sie aggressiv werden, vielleicht sogar tätlich. Vor allem, wenn Sie Drohungen ausstoßen oder schon mal einen „Klaps" austeilen, sollten Sie sehr aufpassen, dass Sie bei Konflikten nicht grob tätlich werden, was in Familien gar nicht so selten passiert.

♦

Recherche und Bearbeitung: Jochen Paulus

Quelle: Torsten Klemm & Markus Pietrass (2011): Konfliktverhalten in der Familie (KV-Fam) – Testmappe (2. Auflage). Leipziger Wissenschaftsverlag, www.l-wv.de

Wie gut können Sie Beruf und Familie vereinbaren?

Wenn beide Eltern täglich zur Arbeit gehen und sich außerdem um die Kinder kümmern wollen, drohen Stress und Konflikte. Paare kommen mit einer solchen Doppelbelastung jedoch sehr unterschiedlich gut zurecht.

Dieser Test verrät Ihnen, ob Ihre Belastung im normalen Rahmen liegt oder ob Sie durch Ihre Familie stärker beansprucht sind als andere – und womöglich etwas dagegen unternehmen sollten.

Psychologen haben den Test im Rahmen eines EU-Projekts entwickelt. Er wurde für berufstätige Eltern mit kleinen Kindern konzipiert und an fast 400 Familien erprobt.

Anleitung

Lesen Sie bitte die folgenden Aussagen sorgfältig durch und kreuzen Sie an, inwieweit diese auf Sie zutreffen.

	Trifft gar nicht zu					Trifft völlig zu	
1. Ich bin zufrieden mit der Unterstützung meines Partners und der gemeinsamen Stressbewältigung.	1	2	3	4	5	6	☐
2. Wir haben Arbeit und Wohnort bewusst in räumlicher Nähe gewählt.	1	2	3	4	5	6	☐
3. Mein Partner und ich verbringen bewusst Zeit zu zweit ohne Kind(er).	1	2	3	4	5	6	☐
4. Aufgrund der Erfahrungen der Doppelrolle nutze ich meine Zeit bewusster (z. B. indem ich weniger fernsehe).	1	2	3	4	5	6	☐
5. Bei der Organisation unseres Alltags sind mein Partner und ich ein eingespieltes Team.	1	2	3	4	5	6	☐
6. Wir entspannen uns gemeinsam, z. B. durch spazieren gehen oder zusammen Musik hören.	1	2	3	4	5	6	☐
7. Im Interesse meiner Familie habe ich meine eigenen Bedürfnisse eingeschränkt (z. B. Hobbys, Treffen mit Freunden, etc.).	6	5	4	3	2	1	☐
8. Ich kann den benötigten Zeitaufwand für bestimmte Tätigkeiten realistisch einschätzen.	1	2	3	4	5	6	☐
9. Ich unternehme in Absprache mit meinem Partner regelmäßig etwas ohne meine Familie (z.B. Cafébesuch, Kino, Fitness).	1	2	3	4	5	6	☐
10. Wir versuchen, Probleme gemeinsam zu bewältigen.	1	2	3	4	5	6	☐
11. Mich kann so leicht nichts aus der Ruhe bringen.	1	2	3	4	5	6	☐
12. Durch die Doppelrolle habe ich ein klareres Bild davon bekommen, was mir wirklich wichtig ist.	1	2	3	4	5	6	☐
13. Wir planen den Alltag in unserer Familie vorausschauend.	1	2	3	4	5	6	☐

14.	Wir nehmen uns regelmäßig Zeit für gemeinsame Familienunternehmungen.	1	2	3	4	5	6	
15.	Ich empfinde die Unterstützung meines Partners und unseren gemeinsamen Umgang mit Stress als wirksam.	1	2	3	4	5	6	
16.	Wenn ich Familie und Beruf unter einen Hut bringen will, ist es für mich auch in Ordnung, dass nicht alles, was ich tue, perfekt ist (z. B. Haushalt).	1	2	3	4	5	6	
17.	Zeit mit meiner Familie zu verbringen bereitet mir Freude.	1	2	3	4	5	6	
18.	Wenn einer von uns berufliche Probleme hat, versuchen wir, uns gegenseitig den Rücken frei zu halten.	1	2	3	4	5	6	
19.	Auf Abweichungen vom ursprünglichen Plan kann ich mich schnell einstellen und entsprechend reagieren.	1	2	3	4	5	6	
20.	Es erfüllt mich mit Befriedigung, wie ich die Anforderungen von Beruf und Familie meistere.	1	2	3	4	5	6	
21.	Beruf und Familie unter einen Hut zu bringen ist eine Leistung, auf die ich zu Recht stolz sein kann.	1	2	3	4	5	6	
22.	Stress aus der Familie bringe ich nicht mit in die Arbeit.	1	2	3	4	5	6	
23.	In den meisten Alltagssituationen kann ich gelassen reagieren.	1	2	3	4	5	6	
24.	Trotz der Doppelbelastung ist die Familie eine Bereicherung für mich.	1	2	3	4	5	6	
25.	Beruflichen Stress bringe ich nicht mit nach Hause.	1	2	3	4	5	6	
26.	Ich spreche mich regelmäßig mit meinem Partner über den Tagesablauf ab.	1	2	3	4	5	6	
27.	Ich nehme selten Arbeit mit nach Hause.	1	2	3	4	5	6	
28.	Ich kann Aufgaben delegieren, wenn sie mir zu viel werden.	1	2	3	4	5	6	
29.	Es erfüllt mich, die Entwicklung meines Kindes/ meiner Kinder mit anzusehen.	1	2	3	4	5	6	
30.	Mein Partner und ich planen auch mal eine größere Unternehmung ohne unser Kind/unsere Kinder (z. B. mindestens einmal im Jahr ein kinderloses Wochenende).	1	2	3	4	5	6	
31.	Ich habe jeden Tag etwas Zeit nur für mich.	1	2	3	4	5	6	
32.	Wir setzen uns ernsthaft mit einem Problem auseinander und analysieren, was zu tun ist.	1	2	3	4	5	6	
33.	Ich trenne klar zwischen Beruf und Familie.	1	2	3	4	5	6	
34.	Ich nehme mir die Zeit, meinen persönlichen Interessen nachzugehen.	1	2	3	4	5	6	
35.	Sobald ich von der Arbeit nach Hause komme, bin ich ganz für meine Familie da.	1	2	3	4	5	6	
36.	Wir sprechen miteinander und tauschen unsere Gefühle aus.	1	2	3	4	5	6	
37.	Ich besitze die Fähigkeit, mich auf verschiedenste Situationen in Familie und Beruf flexibel einzustellen.	1	2	3	4	5	6	
38.	Es gibt in unserer Familie einen klar geregelten Tagesablauf.	1	2	3	4	5	6	
39.	Um Zeit zu sparen, erledige ich, wenn ich unterwegs bin, gleich mehrere Dinge auf einmal (z. B. Einkaufen, Arztbesuch, Behördengänge, etc.).	1	2	3	4	5	6	

Testauswertung

Der Test erfasst in sechs Bereichen, wie gut Sie den Alltag organisieren, sich gegenseitig unterstützen, Zeit für sich selbst finden und wo Ihre Prioritäten liegen. Damit Sie Ihren jeweiligen Wert ermitteln können, übertragen Sie bitte die angekreuzten Zahlen in die farbigen Kästchen am Ende jeder Frage (lassen Sie sich nicht davon irritieren, dass die Reihenfolge der Zahlen bei Frage 7 wechselt). Addieren Sie dann jeweils die Werte in Kästchen mit gleicher Farbe, und tragen Sie das Ergebnis in das folgende Raster ein.

Partnerschaftliche Unterstützung	☐
Raum für Zweisamkeit und sich selbst	☐
Familienorientierung	☐
Trennung zwischen Familie und Beruf	☐
Gelassenheit und Flexibilität	☐
Planung und Zeitmanagement	☐

Was die Werte bedeuten, erfahren Sie in den folgenden Erläuterungen:

Partnerschaftliche Unterstützung

8–11 Punkte
Sie wünschen sich mehr Unterstützung durch Ihren Partner. Sie beide gehen Probleme selten gemeinsam an und unternehmen auch nicht viel zusammen. Wahrscheinlich sind Sie eher unzufrieden mit Ihrem Leben – was wohl auch eine Folge der mangelnden Unterstützung ist. Sie sollten eine Paarberatung in Erwägung ziehen.

12–43 Punkte
Sie und Ihr Partner unterstützen sich gegenseitig ungefähr so stark wie die meisten Paare. Das hilft Ihnen bei Problemen und macht das Leben angenehmer. Es gibt aber noch Raum für Verbesserungen: Oft entstehen Probleme dadurch, dass Partner sich nicht genügend vergegenwärtigen, welchem Stress der andere im Beruf und in der Familie ausgesetzt ist. Reden Sie öfter darüber und bemühen Sie sich um gegenseitiges Verständnis.

44–48 Punkte
Sie unterstützen sich gegenseitig überdurchschnittlich gut. Das trägt wahrscheinlich dazu bei, dass Sie mit Ihrer Beziehung und mit Ihrem Leben ganz zufrieden sind. Wenn Sie weiter viel miteinander reden, sich unterstützen und Probleme gemeinsam angehen, haben Sie gute Chancen, dass es auch so bleibt.

Raum für Zweisamkeit und sich selbst

6–8 Punkte
Ihnen bleibt nicht viel Raum für sich selbst. Sie schaffen es auch nur selten, etwas zusammen mit Ihrem Partner zu machen, ohne dabei die Kinder im Auge behalten zu müssen. Das kann zu psychosomatischen Beschwerden führen, wie Magenproblemen oder Kopfschmerzen. Besonders Männer sind in dieser Lage oft unzufrieden mit ihrem Leben und ihrer Beziehung. Auch wenn es nicht einfach ist: Versuchen Sie, mehr ohne Kinder zu unternehmen, allein oder mit Ihrem Partner.

9–26 Punkte
Ihnen geht es wie den meisten deutschen Eltern. Sie haben gelegentlich Zeit für sich selbst und unternehmen auch mal etwas allein mit Ihrem Partner. Wenn Sie sich dafür noch mehr Zeit nehmen können, gewinnen Sie wahrscheinlich an Lebensqualität.

27–36 Punkte
Sie haben mehr Zeit für sich selbst und gemeinsame Stunden mit Ihrem Partner als die meisten Eltern mit kleinen Kindern. Achten Sie darauf, dass es so bleibt. Denn Zeit für Hobbys und ein gelegentliches gemeinsames Wochenende ohne Kinder erhöhen die Lebenszufriedenheit.

Familienorientierung

7–11 Punkte
Ihre Antworten zeigen, dass Sie kein ausgesprochener Familienmensch sind. So ist es schwer für Sie, die Kombination von Pflichten bei der Arbeit und in der Familie nicht als Belastung zu empfinden. Wenn Sie sich mehr auf das Familienleben und Ihre Kinder einlassen, entdecken Sie womöglich ganz neue Seiten an sich – und empfinden Ihre Familie dann stärker als Bereicherung.

12–40 Punkte
Ihnen ist die Familie so wichtig wie den meisten Eltern. Falls nicht andere Belastungen hinzukommen, wird auch Ihre Zufriedenheit mit Beruf, Partnerschaft und Familienleben im durchschnittlichen Bereich liegen. Wahrscheinlich

gelingt es Ihnen auch halbwegs gut, die Ansprüche von Beruf und Familie zu vereinen. Kein Grund zur Beunruhigung also, doch Sie könnten versuchen, sich noch intensiver auf Ihre Familie einzulassen.

41–42 Punkte
Sie leben so sehr für die Familie wie nur eine Minderheit der Deutschen. Das bedeutet nicht nur, dass Sie die Zeit mit Ihren Kindern genießen und die Familie Ihrem Leben einen Sinn gibt. So vermeiden Sie es auch weitgehend, Stress von zu Hause mit zur Arbeit zu nehmen.

Trennung zwischen Beruf und Familie

5–8 Punkte
Die Trennung von Beruf und Familienleben gelingt Ihnen nicht so recht. Oft schlägt beruflicher Stress aufs Familienleben durch und umgekehrt. Das macht es schwer, beide Lebensbereiche miteinander zu vereinbaren. Dies führt nicht selten zu psychischen und körperlichen Beschwerden. Möglicherweise sollten Sie Prioritäten setzen, etwa weniger Stunden arbeiten oder den Nachwuchs in einen guten Hort geben beziehungsweise dort länger unterbringen.

9–26 Punkte
Sie schaffen es einigermaßen, Beruf und Familienleben zu trennen. Eine gewisse Portion Stress tragen Sie aber immer noch von einem Bereich in den anderen. Vielleicht können Sie im Beruf einige Aufgaben abgeben oder Ihren Partner motivieren, daheim mehr zu helfen.

27–30 Punkte
Sie können Beruf und Familienleben gut auseinanderhalten. So ärgern Sie sich zu Hause nicht über die Arbeit oder grübeln am Schreibtisch nicht über Familienprobleme. In der Regel lebt es sich so deutlich entspannter, als wenn Sie zu Hause ständig arbeiten oder während der Arbeit telefonisch häufig Kinderprobleme lösen.

Gelassenheit und Flexibilität

6–9 Punkte
Sie sind nicht unbedingt der ruhende Pol, wenn es im Beruf hoch hergeht, während die Kinder fiebrig im Bett liegen. Vor allem Frauen tun sich in solchen Situationen oft schwer – sei es, weil Kinder und Haushalt noch immer vor allem an ihnen hängen bleiben, sei es, weil sie allgemein sensibler reagieren. Es kann helfen, nicht alles selbst zu machen und nicht alles perfekt machen zu wollen. Falls Sie in solchen und anderen Situationen zudem zu übergroßen Ängsten neigen, wäre eine Psychotherapie in Betracht zu ziehen.

10–26 Punkte
Ihnen gelingt es durchschnittlich gut, die Doppelbelastung durch Arbeit und Familie flexibel zu meistern und dabei gelassen zu bleiben. Es könnte sich lohnen, manches lockerer anzugehen und öfter einmal fünf gerade sein zu lassen. Entspannte Eltern sind für Kinder meist besser als solche, die alles überperfekt machen wollen.

27–30 Punkte
Sie gehören zu jenen Eltern, die Kinder, Küche und Karriere vergleichsweise entspannt miteinander vereinbaren. Vielleicht liegt die Ruhe einfach in Ihrer Natur, vielleicht haben Sie auch gute Strategien entwickelt, um Doppelbelastungskrisen zu bewältigen oder gar nicht erst entstehen zu lassen.

Planung und Zeitmanagement

7–10 Punkte
Es liegt Ihnen offenbar nicht sonderlich, den Alltag gut zu organisieren und sich dabei mit Ihrem Partner abzustimmen. Das macht es Ihnen zusätzlich schwer, Beruf und Familie miteinander zu vereinbaren. Frauen trifft dies besonders häufig, vermutlich weil sie oft den Großteil der Doppelbelastung tragen. Versuchen Sie, die Aufgaben gerecht zu verteilen und die Alltagsorganisation mit Ihrem Partner abzustimmen.

11–35 Punkte
Wenn es ums gemeinsame Planen des Familienalltags geht, liegen Sie im durchschnittlichen Bereich. Wahrscheinlich können Sie aber noch einiges optimieren: die Zeit für die anfallenden Aufgaben realistischer abschätzen, Puffer für Verzögerungen einplanen, sich genauer mit Ihrem Partner abstimmen. Dann sollten sich Arbeit und Familie noch besser miteinander vereinbaren lassen.

36–42 Punkte
Sie und Ihr Partner scheinen ein eingespieltes Team zu sein, das beim Planen des Alltags beachtliche Fähigkeiten an den Tag legt. Auf dieser Basis sollten sich Kollisionen zwischen Privatem und Beruflichem gut vermeiden lassen.

♦

Recherche und Bearbeitung: Jochen Paulus
Quelle: Dr. Melanie Kupsch (heute Melanie Kaiser), Prof. Dr. A. Klaus Schneewind, Dr. Christian Reeb: Entwicklung eines Fragebogens zur Erfassung Adaptiver Strategien in der Vereinbarkeit von Familie und Beruf (FASIV). Diagnostica, 2009, 55 (3), S. 184 ff.

LITERATUREMPFEHLUNGEN

Klaus A. Schneewind,

Familienpsychologie

Kohlhammer 2010

Grundlegendes, wissenschaftlich systematisches Werk über Familien und deren Wandel.

Uwe Schmidt, Marie-Theres Moritz

Familiensoziologie

transcript 2009

Beschreibt detailliert, wie Sozialisation in der Familie geschieht.

Andreas Bernard

Kinder machen

S. Fischer 2014

Ausführliche Bestandsaufnahme zum Wandel des Familienbildes durch die Fortpflanzungsmedizin.

Eia Asen

So gelingt Familie

Carl Auer 2013

Eine hilfreiche Anregung, wie sich der familiäre Alltag leichter bewältigen lässt.

Susann Sitzler

Geschwister

Klett-Cotta 2015

Leicht zu lesende Analyse der Einflüsse von Brüdern und Schwestern.

Ina Schmidt

Auf die Freundschaft

Ludwig 2014

Erklärt den Wandel und die Bedeutung der Freundschaft im Laufe der Zeit.

Peter Teuschel

Das Schwarze Schaf

Klett-Cotta 2014

Erhellendes Werk über die Benachteiligung und Ausgrenzung von Familienmitgliedern.

Diana Drexler

Einführung in die Praxis der Systemaufstellungen

Carl Auer 2015

Ausführliches Buch, das in das komplexe Feld der Familienaufstellung einführt.

IMPRESSUM

Gruner + Jahr GmbH & Co KG, Druck- und Verlagshaus, Am Baumwall 11, 20459 Hamburg. Postanschrift der Redaktion: Brieffach 24, 20444 Hamburg
Telefon 040/37 03-0, Telefax 040/37 03 56 48
Internet: www.geo-wissen.de

CHEFREDAKTEUR
Michael Schaper

GESCHÄFTSFÜHRENDER REDAKTEUR
Claus Peter Simon

KONZEPT DIESER AUSGABE
Bertram Weiß und Maria Kirady (freie Mitarbeit)

ART DIRECTION
Torsten Laaker; Andreas Knoche
Freie Mitarbeit Layout: Michèle Hofmann, Rio Müller, Andrea Neuhaus

BILDREDAKTION
Roman Rahmacher, Carla Rosorius
Freie Mitarbeit: Dorit Eichmann, Ulrike Jürgens, Josephine Kaatz, Prisca Kranz

VERIFIKATION
Bettina Süssemilch, Susanne Gilges
Freie Mitarbeit: Patrick Blume, Regina Franke, Felicia Maull, Stefan Sedlmair, Dr. Ulrike Taylor

SCHLUSSREDAKTION
Ralf Schulte

ILLUSTRATOREN
Freie Mitarbeit: Tina Berning, Tim Möller-Kaya

AUTOREN
Freie Mitarbeit: Karoline Amon, Constanze von Bullion, Ute Eberle, Jana Hauschild, Elisabeth Hussendörfer, Ute Kehse, Reymer Klüver, Harald Martenstein, Jochen Paulus, Anja Reumschüssel, Christina Rietz, Alexandra Rigos, Alex Rühle, Vera Sandberg, Anna Sandner, Olaf Tarmas, Dr. Dieter Thomä

FOTOGRAFEN
Freie Mitarbeit: Antonina Gern, Paula Markert, David Maupilé, Armin Smailovic, Isadora Tast, Christiane Wöhler

TECHNISCHER CHEF VOM DIENST
Rainer Droste

REDAKTIONSASSISTENZ
Angelika Fuchs, Helen Oqueka
Freie Mitarbeit: Isabelle Berens, Anastasia Mattern, Dr. Verena Mogl

HONORARE/SPESEN
Angelika Györffy

VERANTWORTLICH FÜR DEN REDAKTIONELLEN INHALT
Michael Schaper

VERLAGSGESCHÄFTSFÜHRER
Dr. Frank Stahmer

PUBLISHER
Alexander Schwerin

PUBLISHING MANAGER
Anne Gülck

EXECUTIVE DIRECTOR DIRECT SALES
Heiko Hager, G+J Media Sales

DIRECTOR BRAND SOLUTIONS
Daniela Krebs (verantwortlich für den Inhalt der Anzeigen), Infos zur jeweils gültigen Preisliste unter: www.gujmedia.de

DIRECTOR DISTRIBUTION & SALES
Torsten Koopmann, DPV Deutscher Pressevertrieb

MARKETING
Kristin Niggl

HERSTELLUNG
G+J Herstellung, Heiko Belitz (Ltg.), Oliver Fehling

Der Export der Zeitschrift GEO WISSEN und deren Vertrieb im Ausland sind nur mit Genehmigung des Verlages statthaft. GEO WISSEN darf nur mit Genehmigung des Verlages in Lesezirkeln geführt werden.

BANKVERBINDUNG:
Deutsche Bank AG Hamburg, Konto 0322800, BLZ 200 700 00, IBAN DE30200700000032280000, BIC DEUTDEHH. Heft-Preis: 9,50 Euro (mit DVD: 16,50 Euro). ISBN 978-3-652-00451-0 (978-3-652-00459-6)

© 2015 Gruner + Jahr, Hamburg

ISSN 0933-9736
Litho: 4mat Media, Hamburg
Druck: Mohn Media Mohndruck GmbH, Gütersloh
Printed in Germany

GEO-LESERSERVICE
Fragen an die Redaktion
Tel.: 040/37 03 20 84 Fax: 040/37 03 56 48
E-Mail: briefe@geo.de

ABONNEMENT- UND EINZELHEFT-BESTELLUNG
Kundenservice und Bestellungen
Anschrift: GEO-Kundenservice, 20080 Hamburg
E-Mail: geo-service@guj.de
Tel. innerhalb Deutschlands: 040/55 55 89 90
Tel. außerhalb Deutschlands: +49/40/55 55 89 90
Telefax: +49/1805/861 80 02*
24-Std.-Online-Kundenservice: www.meinabo.de/service
Preis Jahresabonnement: 17,00 Euro (D; Studenten 10,20), 19,10 Euro (A; Studenten 11,46), 33,00 sfr (CH; Studenten 19,80 sfr).
Preise für weitere Länder auf Anfrage erhältlich.
Bestelladresse für GEO-Bücher, GEO-Kalender, Schuber etc.:
GEO-Versand-Service, 74569 Blaufelden
Tel.: +49/40/422 36 427
Fax: +49/40/422 36 663
E-Mail: guj@sigloch.de
*14 Cent/Min. aus dem deutschen Festnetz, Mobilfunkpreis max. 42 Cent/Min.

BILDNACHWEIS/COPYRIGHT-VERMERKE
Anordnung im Layout: l. = links, r. = rechts,o. = oben, m. = Mitte, u. = unten

TITEL
David Maupilé für GEO WISSEN

EDITORIAL
Seite 3: Benne Ochs für GEO WISSEN: r. o. und l. u.; David Maupilé für GEO WISSEN: r. u.

INHALT
siehe entsprechende Seiten

DIE MÄCHTIGSTE BEZIEHUNG UNSERES LEBENS
Christiane Wöhler: 6/7; Viktoria Sorochinski: 8/9; Rickard Kilström: 10/11; Elena Givone/laif: 12 l. o.; Thomas Fredberg/Science Photo Library/Getty Images: 12/13; Lydia Panas: 14/15; Kate T. Parker: 16/17; Paolo Pellegrin/Magnum Photos/Agentur Focus: 18/19; Gesche Jäger: 20/21; Gustavo Germano: 22/23; John Clang: 24/25

DER EWIGE BUND
David Hilliard: 28–41

GELIEBTE RIVALEN
Carla Kogelmann: 42–49

DAS ERBE DER ELTERN
Nina Röder: 50–57 außer 52 und 58: Armin Smailovic für GEO WISSEN

LEBEN IM ABSEITS
Illustrationen: Tina Berning für GEO WISSEN: 60–64

DIE CHANCE DER SPÄTEN JAHRE
Paula Markert für GEO WISSEN: 68–71

DEN AHNEN AUF DER SPUR
Jackson Patterson: 72–76

MIT DER KRAFT DER KONTINUITÄT
Christiane Wöhler für GEO WISSEN: 78–81

DIE DUNKLEN SEITEN DER VERGANGENHEIT
Paula Markert für GEO WISSEN: 82–87

DAS SCHWEIGEN BRECHEN
Katrina d'Autremont: 90–98

ZWISCHEN WUNSCH UND WIRKLICHKEIT
Antonina Gern für GEO WISSEN: 116–127

FEUER UND WASSER
privat: 130; Marcus Bleasdale: 131–133

ÜBER DEN TOD HINAUS
Paula Markert für GEO WISSEN: 134–138

EIN MANN, ZWEI FAMILIEN
Illustrationen: Tim Möller-Kaya für GEO WISSEN: 140–145

VOM ZAUBER DES VERTRAUENS
Isadora Tast für GEO WISSEN: 150–154

ALLE JAHRE WIEDER
Neil Montanus: 156/157; Ralph Amdursky und Charlie O. Baker: 158/159; Herb Archer: 160/161, für alle: Courtesy of George Eastman House, International Museum of Photography and Film

VORSCHAU
Balázs Böröcz: 162; James Kingston: 162/163

Für unverlangt eingesandte Manuskripte und Fotos übernehmen Verlag und Redaktion keine Haftung. © GEO 2015, Verlag Gruner + Jahr, Hamburg, für sämtliche Beiträge

GEO-Buch „Weltbilder" – Eine außergewöhnliche Sicht auf die Erde € 39,99

Die Erde von oben in exklusiven Panorama-Fotografien. Dieser Bildband präsentiert die besten Luftbilder der Erde überwältigend schön und so detailreich, dass man sie stundenlang ansehen könnte.

Format: 27 x 28,8 cm, 192 Seiten,
Best.-Nr.: G729144
Preise: € 41,20 (A)/CHF 48.50 (CH)

GEO-Buch „Die faszinierende GEO-Welt" Fotos und Bilder zum Ausmalen € 12,99

Indische Saris und andalusische Mosaike, schillernde afrikanische Stoffe und magische Totems aus Ozeanien: Inspiriert durch die Kulturen aus aller Welt können Sie die Bilder nach Ihrem Geschmack ausmalen. Mit diesen 60 Fotos zum Genießen und 60 Bildern zum Ausmalen entdecken Sie 120 Gelegenheiten. um zu staunen und kreativ zu werden.

Format: 22 x 33 cm, 128 Seiten
Best.-Nr.: G729159 Preise: € 13,40 (A)/CHF 16.90 (CH)

€ 34,95

GEO-Buch „Wildlife Fotografien des Jahres, Portfolio 25"

Die 100 besten Bilder des Wettbewerbs Wildlife Photographer of the Year.

Format: 25 x 25 cm, 160 Seiten,
Best.-Nr.: G729143
Preise: € 36,00 (A)/CHF 46.90 (CH)

€ 39,99

Bildband „Wildnis Eiche"

Mystisch ist sie und geheimnisvoll, und sie gilt als Sinnbild des Lebens. Seit jeher steht die Eiche im Mittelpunkt von Legenden. Von ihrer ausladenden Krone bis zum borkigen Fuß bietet sie mehr Tieren und Pflanzen einen Lebensraum als jeder andere deutsche Baum. In einzigartigen (Makro-)Fotografien erzählt Solvin Zankl in diesem Bildband die Geschichte der „Wildnis Eiche" und porträtiert diese vielfältigen Bewohner wqdes Waldes.

Format: 24,5 x 30,5 cm, 160 Seiten
Best.-Nr.: G729138;
Preise: € 41,20 (A)/CHF 53.90 (CH)

Entdecken Sie unsere Produktvielfalt unter: **www.geoshop.de/buecher**
Oder per Telefon bestellen unter +49 (0)40/422 36 427 (Bitte Aktionsnr. G00120 angeben)

Zwischen Wunsch *und* **Wirklichkeit**

Elterngeld, Kitaplätze, Teilzeitarbeit – es ist viel getan worden, um Müttern und Vätern die Vereinbarkeit von Familie und Beruf zu erleichtern. Aber hat sich dadurch Entscheidendes verändert? Wissenschaftler ziehen eine erste Bilanz

Text: CONSTANZE VON BULLION
Protokolle: ELISABETH HUSSENDÖRFER
Fotos: ANTONINA GERN

Vier Töchter hat das Ehepaar Wörner, beide Eltern haben zeitweise beruflich pausiert – und immer das Vertrauen gehabt, dass sie den Alltag bewältigen können (siehe auch Seite 126)

»Die Männer versklaven sich bei ihren Arbeitgebern«

Martin Sagel, 40, aus Kerpen, kündigte seine Anstellung bei einer Bausparkasse, um von daheim aus zu arbeiten

Ich bin nach der Scheidung meiner Eltern mit meinem Bruder bei unserem Vater aufgewachsen. Schon als Grundschüler führten wir den Haushalt. Mein Vater, ein Computertechniker, kam selten vor 19 Uhr heim. „Ich hab euch ja kaum groß werden sehen", sagte er später einmal und wirkte dabei traurig.

Als meine Frau schwanger war, stand ich vor dem gleichen Problem: Als freier Handelsvertreter einer großen Bausparkasse musste ich zu bestimmten Zeiten in den Niederlassungen anwesend sein. Dazu kamen Termine bei Kunden, meist am Abend oder am Wochenende.

In dieses Leben passte kein Kind. Genau so sagte ich es, als meine Frau und ich über die Zukunft sprachen. Deshalb stellten wir unser Leben auf den Kopf: Wir richteten ein altes Reihenhäuschen ein, und ich sagte der Bausparkasse Adieu. Stattdessen unterzeichnete ich einen Vertrag bei einem Maklerbüro, das ausschließlich Mitarbeiter beschäftigt, die daheim arbeiten.

Es war ein Risiko; unser Lebensstandard hätte drastisch sinken können. Denn ich arbeite nicht so viel wie zuvor. Aber das Modell funktionierte so gut, dass meine Frau bald wieder für einige Stunden pro Woche als Beamtin ins Büro ging und dann für das zweite Kind pausierte. Und ich konnte tun, wonach ich mich so gesehnt hatte: täglich mit meinen Kindern frühstücken, an Festen in Kindergarten und Schule teilnehmen, sie zum Turnen fahren oder von Geburtstagsfeiern abholen.

Ich weiß, welche Schuhgröße die Kleinen haben und was sie gern an Essen in ihrer Frühstücksbox mögen. Wenn sie etwas bedrückt, kommen sie zu mir ins Büro und vertrauen sich mir an.

Sehe ich mich im Bekanntenkreis um, habe ich den Eindruck: Die Männer versklaven sich bei ihren Arbeitgebern. Immer wieder beklagen sie, wie selten sie bei ihrer Familie sind.

Deshalb habe ich vor sechs Jahren einen Vater-Kind-Kreis gegründet: Männer und Kinder gehen zusammen zelten, fahren Kanu, verbringen bewusst Zeit miteinander.

So geben wir den Kleinen etwas – und bewahren uns Erwachsene hoffentlich davor, später etwas zu bereuen.

Es ist im Augenblick viel von Frauen die Rede und von der Frage, wie sie Familie und Beruf vereinbaren können. Aber vielleicht sollte man zur Abwechslung einmal mit den Männern beginnen.

Da ist zum Beispiel der kleine Herr, der am 7. Juni 2015 auf der Bühne der Stadthalle Bielefeld steht. Er ist 67 Jahre alt, Politiker, einer von der Sorte, die nie um Antworten verlegen ist.

Jetzt steht er am Ende einer langen Rede vor Anhängern auf einem Parteitag, sie jubeln. Der kleine Herr aber kämpft mit den Tränen. Ringt um Worte. Presst eine Art Geständnis hervor.

„Ich habe viel zu wenig Freundschaften gepflegt, ich hatte viel zu wenig Zeit für meine Angehörigen", sagt Gregor Gysi. Vor ihm stehen seine Kinder, seine Schwester, seine geschiedene Frau, die alle zum Parteitag angereist

Er hat beruflich alles erreicht – und privat **das Wichtigste** verpasst

sind. „Es tut mir sehr, sehr leid", sagt Gysi, dann versagt ihm die Stimme.

Nun kann man den Berufspolitiker Gregor Gysi für einen begnadeten Selbstdarsteller halten. Aber an jenem Tag, als der Vormann der Linkspartei seinen Rückzug aus der ersten Reihe im Bundestag bekannt gibt, gerät das Showgeschäft Politik für einen Moment ins Stocken. Und ein Mann, der beruflich so ziemlich alles erreicht hat, gibt zu: Er hat das Wichtigste verpasst.

So etwas kommt selten vor, besonders in einer Generation von Männern, die in den Aufbaujahren nach dem Zweiten Weltkrieg groß geworden ist.

Die in dem Glauben lebte, mit etwas Geschick fast alles haben zu können: Karriere und Familie, beruflichen Erfolg und privates Glück.

Dass er das Erste bekommen hat, aber um den Preis des Zweiten, hat Gregor Gysi wohl erst zum Ende seiner Laufbahn begriffen. Zwei Ehen sind auf der Strecke geblieben und kostbare Stunden mit Freunden und Kindern. Er bedauert das, sehr, auch öffentlich.

aber muss das eigentlich so sein? Ist die Bundesrepublik nicht längst weiter? Alle paar Monate erscheint in Deutschland eine Studie, wonach Männer und Frauen sich gleichberechtigte Partnerschaften wünschen, in denen Mütter und Väter ihre Berufswünsche verwirklichen können und trotzdem beide Zeit für Kinder haben. Ein Blick in die Zahlen allerdings verrät: Dieser Wunsch und die Wirklichkeit klaffen oft noch weit auseinander.

„Wie die Zeit vergeht“: Mit diesem fast wehmütigen Titel ist eine Untersuchung des Statistischen Bundesamtes

Eltern arbeiten pro Woche im Schnitt **zehn Stunden mehr** als Kinderlose

überschrieben. Darin wird ausgewertet, womit rund 11 000 Menschen in Deutschland zwischen August 2012 und Juli 2013 ihre Zeit verbrachten.

Herausgekommen ist das Bild einer Gesellschaft, die sich verändern will, auch hinsichtlich der Arbeitsteilung in Familien. Die aber nicht recht zu wissen scheint, wie das gelingen kann.

Die Untersuchung zeigt, dass sowohl bei Frauen als auch bei Männern in Deutschland die Erwerbsarbeit seit der letzten Erhebung vor 14 Jahren zugenommen hat: 2001 gingen Frauen im Schnitt gut 13 Stunden pro Woche einer bezahlten Tätigkeit nach, 2012 waren es etwas mehr als 16 Stunden. Auch Männer verbringen heute mehr Zeit im Büro oder auf Montage als früher, sie arbeiten im Schnitt täglich 30 Minuten länger.

»Geplant war dieses Leben so nicht«

Ana-Cristina Grohnert, 48, Hamburg, kann ihren Top-Job nur dank fremder Hilfe mit der Familie vereinbaren

Warum bist du nicht bei deinen drei Kindern? Diese Frage höre ich oft. Ich muss dann aufpassen, sie nicht als Vorwurf zu verstehen. Denn manchmal will der Fragende einfach nur wissen, wie mein Mann und ich unseren Alltag organisieren. Dann erzähle ich: Ich bin von Montag bis Mittwoch für eine Wirtschaftsprüferfirma auf Dienstreise, er legt seine Auswärtstermine als Bankier auf Donnerstag und Freitag. So ist zumindest abends und nachts immer einer von uns zu Hause. Tagsüber kümmert sich eine Kinderfrau um unseren Nachwuchs.

Es ist mir immer wichtig gewesen, dass die Kinder zu Hause betreut werden, ein gutes Essen auf dem Tisch steht, die Hausaufgaben erledigt werden. Das geht nur mit qualifizierter Hilfe. Dafür haben wir, vor allem anfangs, ganze Monatsgehälter aufgewendet.

Über die Jahre ist bei den Kindern das Vertrauen gewachsen, dass wir nicht persönlich anwesend sein müssen, um für sie da zu sein. Sie können uns jederzeit erreichen. Wenn mein Telefon klingelt und auf dem Display der Name eines meiner Kinder erscheint, hebe ich ab, egal wie wichtig mein Meeting ist. Denn ich weiß, dass die Ergebnisse beim Hockey oder der Streit mit der Freundin für ein Kind die Welt bedeuten können. Oder die Freude über eine Eins in Mathematik sofort geteilt werden muss. Die Geburtstage meiner Kinder plant meine Assistentin, aber es ist noch nie vorgekommen, dass ich den Tag nicht mit den Kindern verbracht habe. Auch zu Schulfesten nimmt sich mindestens einer von uns frei.

Ja, ich bekomme viel Unterstützung. Und es war wohl auch Glück, dass meine Vorgesetzten immer Verständnis hatten. Aber ich glaube, vor allem hilft uns eine stramme Organisation. Alle Termine sind auf den Mobiltelefonen der Familie zu sehen, und jeder weiß, was bei den anderen gerade ansteht.

Geplant war dieses Leben so nicht. Als jüngste von vier Schwestern war ich mir immer sicher, einmal viele Kinder haben zu wollen. Aber nach einem praxisbezogenen Studium konnte ich mich im Beruf sehr schnell entfalten, das hat auch viel Spaß gemacht. Die Frage „Kind oder Karriere?“ habe ich mir nie gestellt.

Ich habe nicht den Eindruck, dass es den dreien geschadet hat, dass ich bei Schulfesten nicht aufwendig Kuchen backen konnte, sondern gesagt habe: Ich bringe die Würstchen mit.

Nun könnte man annehmen, dass die Menschen diese zusätzlichen Stunden am Arbeitsplatz mit kostbarer Familienzeit bezahlen.

Das ist aber nicht der Fall: Gemäß der Untersuchung des Statistischen Bundesamtes verbringen Männer und Frauen, die Kinder haben, sogar etwas mehr Zeit mit ihrem Nachwuchs als früher. Für Spielen und Sport bleiben immerhin sieben Minuten mehr pro Tag als elf Jahre zuvor. Die Hausaufgabenbetreuung wurde, wenn auch nur minimal, von 43 auf 47 Minuten ausgedehnt.

Berufstätige Mütter nehmen sich laut Studie fast genauso viel Zeit für Gespräche mit den Heranwachsenden und fürs Vorlesen wie nicht berufstätige Mütter. Dafür ersparen sie sich im Vergleich zu Vollzeitmüttern eine Dreiviertelstunde am Tag bei der Beaufsichtigung ihrer Kinder. Mit anderen Worten: Sie konzentrieren sich auf die wertvollsten Augenblicke mit dem Nachwuchs und überlassen das reine Aufpassen auch mal anderen, zum Beispiel einem Babysitter.

Frauen verbringen **doppelt so viel Zeit** mit ihren Kindern wie Männer

Frauen können Job und Familie heute also etwas besser vereinbaren, als manche das erwarten. Aber: Beide Elternteile müssen sich dafür besonders anstrengen.

Nach Angaben des Statistischen Bundesamtes arbeiten Väter und Mütter, auch alleinerziehende, im Schnitt wöchentlich zehn Stunden mehr als Kinderlose – vorausgesetzt, man versteht unter Arbeit sowohl unentgeltliche als auch bezahlte Tätigkeiten. Zudem absolvieren Väter in Haushalten mit Kind pro Woche ein um zwei Stunden größeres Arbeitspensum als Mütter.

»Ich arbeite jetzt effizienter«

Der Berliner Kulturwissenschaftler Leander Scholz, 46, pausierte beruflich, um sich um seinen Sohn zu kümmern

Während der Schwangerschaft meiner Frau waren wir uns einig: Wir wollten uns die Elternzeit teilen, uns gleichermaßen auf Familie und Job konzentrieren. Später wollten wir beide wieder in Vollzeit arbeiten. Aber es kam anders. Ein TV-Sender bot meiner Frau eine leitende Position an. Ich verstand, dass sie diese Chance ergreifen musste, und blieb länger zu Hause als sie. Als Wissenschaftler konnte ich an der Universität pausieren, ohne Sorge, danach nicht wieder arbeiten zu können.

Anderthalb Jahre lang kehrten wir die klassischen Rollen um: Ich konzentrierte mich auf das Kind und den gesamten Haushalt, widmete mich Aufgaben, die häufig ausschließlich Frauen machen.

Früher habe ich mich gewundert, wenn Eltern von kleinen Kindern nicht einmal mehr in Ruhe telefonieren konnten. Aber ich lernte schnell: Es ist sehr schwierig, sich bei einem Telefonat zu konzentrieren, wenn zugleich ein Baby umsorgt werden will. Auch die Vorstellung, mit einem Kleinkind könnte man zwischenzeitlich etwas am Schreibtisch erledigen, ist meiner Meinung nach wirklichkeitsfremd. Elternzeit ist keine Auszeit!

Und doch benahmen sich manche meiner Kollegen so, als würde ich eine Weltreise unternehmen. Elternzeit – das schien vielen ein Zeichen für mangelnden Einsatzwillen zu sein.

Als ich schließlich an die Universität zurückkehrte, fragte mich jemand: Wieso haben Sie denn nicht abgewartet, bis sie Professor sind? Gerade so, als handele es sich bei einem Kind um eine Art Hobby, das man immer dann pflegt, wenn einem danach ist.

Nun habe ich eine Lücke in meinem Lebenslauf, die ich immer erklären muss. Und in den beruflichen Netzen, die man sich als Wissenschaftler über verschiedene Universitäten hinweg aufbaut, finde ich nur allmählich wieder Anschluss.

Dabei fühle ich mich selbst gestärkt durch Elternzeit und Familie: Ich gehe gelassener mit Überraschungen um, arbeite effizienter. Schade, dass solche Veränderungen in der Arbeitswelt kaum anerkannt werden.

»Ich schleppte mich nur noch von Tag zu Tag«

Anna Rausch*, 40, hat zwei Kinder und arbeitet Vollzeit. Lange fühlte sie sich wie eine Getriebene

Ole war etwa ein Jahr alt, als ich das Angebot bekam, in einer Marketingagentur zu arbeiten. Da begannen die Fragen. Zu viel Arbeit? Zu früh? Aber wofür hatte ich studiert? Und was wäre, wenn ich Nein sagte? Zudem reichte das Einkommen meines Mannes allein für die Familie nicht aus.

Irgendwann beschlossen wir: Ole geht vormittags zu einer Tagesmutter, am Nachmittag passt meine Schwiegermutter auf ihn auf. Damit ich mein Arbeitspensum bis zum Abholen erledigen konnte, musste ich zügig arbeiten; Pausen wurden die Ausnahme. Gegessen habe ich meist nebenher oder gar nicht. Mein Mann unterstützte mich, aber als Ingenieur war er häufig auf Dienstreise.

Als ich Cloe zur Welt brachte, ging mein Leben so weiter. Ich vernachlässigte mich selbst, um den Kindern einen schönen Alltag zu bieten – und ihnen auch Wünsche wie Musikunterricht oder eine Spielekonsole zu erfüllen. Ich wurde immer erschöpfter, schleppte mich nur noch von Tag zu Tag.

Während einer Mutter-Kind-Kur wurde mir im Gespräch mit einem Psychologen schließlich klar, wie getrieben ich mich fühlte. Schon bei der Vorstellung, nach der Kur wieder ins Büro gehen zu müssen, bekam ich Herzrasen, Schweißausbrüche, Panik.

Ich brach zusammen und meldete mich krank, blieb drei Monate zu Hause. Unter professioneller Anleitung übte ich, mir vorzustellen, ich hätte eine fünf Zentimeter dicke Schutzhülle. Mit dieser Idee im Kopf kehrte ich zur Arbeit zurück. Erst zwei Stunden täglich, dann vier, dann sechs.

Vieles mache ich heute besser: Ich atme bewusster, spüre meinen Körper und merke schnell, wenn ich es wieder nur anderen recht machen will. Es fällt mir aber schwer, diesen Impuls ganz abzuschalten. Deshalb kann ich leider nicht sagen, dass die Krise mich völlig verändert hat. Spätestens dann, wenn zum täglichen Pensum etwas hinzukommt, das nicht vorgesehen war, bin ich in Gefahr, erneut zusammenzubrechen.

Für Überraschungen gibt es keinen Platz in meinem Leben. Nur wenn alles planmäßig verläuft, kann ich als Mutter und im Job meine Sache gut machen.

* Name von der Redaktion geändert.

Wer allerdings etwas genauer hinschaut, wird feststellen, dass Chancen und Pflichten zwischen den Geschlechtern keineswegs gleichmäßig verteilt sind. Mütter verbringen im Durchschnitt nur ein knappes Drittel ihrer Arbeitszeit mit bezahlten Jobs und mehr als zwei Drittel mit unentgeltlichen Aufgaben wie Haushalt, Ehrenamt oder der Betreuung von Angehörigen. Viele erwirtschaften auf diese Weise nur spärliche Renten, vor allem, wenn es später zur Trennung kommt.

Bei Vätern ist es umgekehrt: Sie widmen fast zwei Drittel ihrer Arbeitszeit dem Geldverdienen und somit der Alterssicherung.

Zufrieden aber sind auch sie oft nicht: Jeder zweite Vater wünscht sich weniger Stunden am Arbeitsplatz und jeder dritte sagt, er würde sich gern mehr um seine Kinder kümmern. Die Betonung liegt auf „würde", denn die Realität sieht anders aus.

> Jede zehnte Mutter in Deutschland steigt **für immer aus dem Beruf** aus

Laut Statistischem Bundesamt verbringen Frauen nach wie vor etwa doppelt so viel Zeit mit ihren Kindern wie Männer. 2012/2013 widmeten sich Mütter im Schnitt 105 Minuten am Tag ihren Töchtern und Söhnen, Väter beschäftigten sich gerade mal 51 Minuten mit dem Nachwuchs. Das waren täglich nur etwa zehn Minuten mehr als elf Jahre zuvor. Auch beim Aufräumen, Waschen oder Bügeln lassen die meisten Väter den Müttern weiter den Vortritt.

Kommt nach der „Generation Gysi", in der Väter ihr Familienleben oft schlicht verpasst haben, jetzt die Generation „Leider, leider"? Also eine Generation, die Partner- und Elternschaft eigentlich gleichberechtigt gestalten wollte, dann aber doch auf die alten Pfade zurückkehrte?

Die Metamorphose der Familie in Deutschland jedenfalls, die jetzt überall beschworen wird, vollzieht sich langsam. Die herkömmliche, vor allem westdeutsch geprägte Rollenverteilung zwischen den Geschlechtern hält sich hartnäckig. Und das, obwohl die Berufstätigkeit von Frauen zunimmt.

Nach Angaben des Bundesfamilienministeriums lag die Erwerbsquote von Frauen vor der Geburt eines Kindes 2008 bei 55 Prozent. 2013 stieg sie auf knapp 69 Prozent. Die Berufstätigkeit von Frauen wird also selbstverständlicher, und sie ist nicht aus der Not geboren, sondern von vielen gewollt.

Als das Allensbach-Institut kürzlich die Bevölkerung zur Aufgabenteilung in Familien mit Kindern unter drei Jahren befragte, wünschten sich 61 Prozent der Teilnehmer mehr Unterstützung für diese

Im Jahr 2013 ging bereits **jeder dritte Vater** in Elternzeit

Eltern, damit beide Partner trotz Nachwuchs berufstätig sein können. 71 Prozent der befragten Eltern gaben an, dass vor der Geburt des ersten Kindes beide Partner Vollzeit arbeiteten. Nach dem Ende der Elternzeit entschieden sich 63 Prozent der Paare in den alten Bundesländern für ein Modell, in dem der Vater Vollzeit und die Mutter nur noch stundenweise oder gar nicht arbeitete. In Ostdeutschland wollten das nur 27 Prozent.

Jede zehnte Mutter in Deutschland steigt dauerhaft aus dem Beruf aus. Bei den Vätern sind das nur zwei Prozent.

Entweder Kind oder Karriere – vor dieser Entscheidung stehen zu viele Frauen in Deutschland, kritisiert Jutta Allmendinger, die Leiterin des Wissenschaftszentrums Berlin

»Im Vorlesungssaal saß ich mit dem Baby im Tragetuch«

Die Gießener Juristin Liane Wörner, 40, lernte in den USA, im Alltag mit den Kindern gelassener zu sein

Hannah kündigte sich zu einem schlechten Zeitpunkt an: Ich war 24 Jahre alt, kurz vor dem zweiten juristischen Staatsexamen und zusammen mit meinem jetzigen Mann auf dem Sprung in die USA, wo ich noch einen Masterstudiengang belegen wollte. Wir beschlossen, einfach weiterzumachen. Wenige Wochen nach ihrer Geburt schrieb ich die Abschlussklausuren, kurz darauf ging es in die USA. Wir wohnten in einer Siedlung mit vielen Studenten. Dort war es völlig normal, dass junge Frauen Mütter waren und zugleich studierten oder arbeiteten. Wir konnten Hannah in den Vorlesungssaal mitnehmen, sie war überall im Tragetuch mit dabei. Gelegentlich gaben wir sie zu einer Tagesmutter. Niemand fand das seltsam. Das hat uns gelassener gemacht.

Zurück in Deutschland, bekamen wir eine weitere Tochter: Elisa. Sie akzeptierte anfangs nur mich, also brachte ich Hannah zur Kita, setzte mich an den Schreibtisch, schlang mir ein Tuch um, knotete es an ihre Schaukel und bewegte mich mit dem Drehstuhl: Elisa wippte und war friedlich – ich konnte arbeiten.

Inzwischen haben wir vier Töchter. Und mit jeder fand sich ein Weg, wie ich weiterarbeiten konnte; vielleicht auch, weil die Geburten immer in Schreib- und Prüfungsphasen fielen: Mit Hannah habe ich das zweite Staatsexamen gemacht, mit Elisa die Masterarbeit, mit Margarethe die Promotion. Und mit Josephine arbeite ich jetzt an meiner Befähigung zur Professur.

Sicherlich: Ich bin immer auf jemanden angewiesen, muss mich verlassen können auf die Kita und meinen Mann, der mehrfach Elternzeit genommen hat, insgesamt 30 Monate. Seiner Karriere bei der Bundespolizei hat das bisher nicht geschadet.

Wir waren von Anfang an entschlossen, unsere Berufswege zu verschachteln: abwechselnd kürzerzutreten und zu pausieren, wenn der andere sich mehr auf den Job konzentrieren muss.

Wenn wir unsere Familie geplant hätten, hätten wir keines dieser wunderbaren Kinder bekommen, davon bin ich überzeugt. Denn dann stellt sich vieles als sehr schwierig dar. Besser ist es, den Alltag auf sich zukommen zu lassen; es findet sich immer ein Weg. Und man ist nicht so enttäuscht, wenn etwas schiefgeht.

Durch dieses Vertrauen ins Leben wurden wir reicher beschenkt, als wir es je hätten planen können.

für Sozialforschung und selbst Mutter eines Sohnes. Rund 5,6 Millionen „Schattenfrauen" gebe es in der Bundesrepublik. Gemeint sind Frauen, die nicht arbeiten, obwohl viele von ihnen jung und gut ausgebildet sind. „Besonders Mütter müssen achtgeben, an ihre Zukunft zu denken, und diese selbst in die Hand nehmen", schreibt die Soziologin. Zu viel berufliches Potenzial werde da verschenkt, zumal in Zeiten des Fachkräftemangels. „Wir brauchen diese Frauen schon heute." Gemeint ist: auf dem Arbeitsmarkt.

Nur: Wie kann der Staat Frauen zum Kinderkriegen ermutigen und wie zur Rückkehr in den Beruf?

Als Anreiz, beides zu vereinen, soll das Elterngeld dienen. Wird ein Kind geboren, zahlt der Staat ein Jahr lang dem Elternteil, der daheim bleibt, je nach Höhe des Voreinkommens mindestens 65 Prozent des letzten Nettogehalts und maximal 1800 Euro. Das gilt zunächst für zwölf Monate. Steigt auch der andere Elternteil mindestens zwei Monate aus dem Beruf aus, gibt es bis zu 14 Monate Elterngeld. So sollen gerade Väter motiviert werden, sich ihren neugeborenen Kindern zu widmen.

2015 führte die Bundesregierung eine weitere Regelung ein, um die Elternzeit flexibler zu gestalten: das ElterngeldPlus. Es soll Väter und Mütter ermutigen, schon während des Elterngeldbezugs in Teilzeit zu arbeiten. Die noch ausstehenden Elterngeldmonate werden dann entsprechend verdoppelt und der Bezug halbiert.

Gehen beide Eltern nach der Geburt eines Kindes gleichzeitig einem Teilzeitjob nach, gibt es als Partnerschaftsbonus zusätzlich vier Monate länger staatliche Leistungen.

Die Botschaft des Gesetzgebers lautet also: Frauen, traut euch, Kinder zu bekommen – und kehrt beizeiten in eure Berufe zurück, insbesondere wenn ihr qualifiziert seid. Und Männer, wenn ihr erfolgreiche Partnerinnen wollt und mehr mit euren Kindern erleben möchtet, dann tretet beruflich auch mal kürzer und beweist euch am Wickeltisch.

Das Elterngeld kommt bei den Familien immer besser an. Vor seiner Einführung im Jahr 2007 stieg nur jeder 20. Vater vorübergehend aus dem Job aus, um sein Kind zu betreuen. Ab 2008 ging laut Bundesfamilienministerium bereits jeder fünfte Vater in Elternzeit, ab 2013 jeder dritte.

das Engagement junger Väter nimmt also zu, auch dank finanzieller Nachhilfe vom Staat. Allerdings kann von gleicher Aufteilung der Babybetreuung noch keine Rede sein. Im ersten Quartal 2015 gingen 88 Prozent der Elterngeldbezüge an Mütter, also nur zwölf Prozent an Väter, ermittelte das Statistische Bundesamt.

Mütter, die fürs erste Kind ihre Berufstätigkeit unterbrechen, bleiben im Schnitt 19 Monate zu Hause – bei den meisten Vätern dauert die Jobpause dagegen nur zwei Monate. Fast jeder fünfte Vater sagt, er wäre gern in Elternzeit gegangen, habe aber darauf verzichtet.

Das hat vor allem ökonomische Gründe. Zwei von drei Vätern, die nicht zu Hause blieben, gaben in einer Umfrage an, die Familie könne es sich nicht leisten, wenn sie aussetzten, denn sie verdienten mehr als ihre Partnerinnen.

Einer von drei Vätern sagte, seine Lebensgefährtin wolle sich lieber um die Kinder kümmern. Fast drei Viertel befürchteten Nachteile im Beruf oder fanden, eine Auszeit sei schwer zu organisieren.

Aber es gibt auch jene Paare, die versuchen, Beruf und Familie für beide Partner in Einklang zu bringen. Das funktioniert oft, auch wenn im Alltag mehr abgesprochen und vieles daheim verändert werden muss: Zwischen 2012 und 2013 verbrachten Frauen laut statistischem Bundesamt im Schnitt etwa zweieinhalb Stunden pro Woche weniger an Putzeimer, Wäscheleine oder Kochtopf als elf Jahre zuvor. Männer verzichteten eher auf das Heimwerken oder die Gartenarbeit.

Viele Paare nehmen solche Kompromisse in Kauf. Gerade Eltern, die beides haben wollen, Zeit für Kinder und berufliche Erfüllung, wissen, dass das seinen Preis hat. Nicht wenige erleben ihren Alltag wie in einer Beschleunigungsmaschine. In einer Umfrage gaben 62 Prozent der Interviewten an, dass Hetze und Zeitdruck zum Alltag gehörten. Drei von vier Eltern zwischen 30 und 39 Jahren sagten, dass sie sich selbst sehr unter Druck setzten. Gut jeder vierte Vater und jede fünfte Mutter wünschten sich mehr Zeit allein mit dem Partner.

In ihrem Buch „Geht alles gar nicht" beschreiben die Journalisten Marc Brost und Heinrich Wefing den Alltag in Familien, in denen beide Eltern beruflich ambitioniert sind und Vollzeit arbeiten: „Wir versuchen Belastungen zu minimieren. Wir bringen die Hemden in die Reinigung, engagieren eine Putzhilfe, ab und zu einen Babysitter. Outsourcing nennen wird das, Outsourcing von lästiger Arbeit im Haushalt. Schon der Begriff ist verräterisch, klassische Management-Sprache."

Zum ganz normalen Familienwahnsinn gehöre etwa, am Samstag beim Fußballspielen mit den Kindern noch schnell die Mails aus dem Büro zu prüfen, die Familie wie ein Unternehmen zu organisieren und mit dem Partner pausenlos um Termine und Zeitfenster für die Kinder zu feilschen.

„So werden aus Turteltäubchen irgendwann Tarifparteien", schreiben die Autoren. Paare mutierten zu hoch effizienten Arbeitsteams, und bei vielen stehle sich irgendwann die Liebe davon.

Willkommen im Klub, halten berufstätige Mütter den klagenden Vätern entgegen. Sie kennen den Wettlauf mit der Zeit nur zu gut. Und auch die Politik hat inzwischen bemerkt, wie sehr der Organisationsdruck in vielen Familien wächst. Die „Rushhour" des Lebens müsse entzerrt werden, fordert Bundesfamilienministerin Manuela Schwesig.

Sie meint die Lebensphase, in der viele Eltern beruflich leistungsfähig sein sollen, schulpflichtige Kinder zu versorgen haben und womöglich auch pflegebedürftige Eltern.

„Damit aus der geforderten Generation keine überforderte Generation wird, müssen wir Männer und Frauen darin unterstützen, ihre Zeit partnerschaftlich aufzuteilen", erklärt Schwesig. Mit anderen Worten: Wenn Mütter Geld verdienen und Väter mehr Zeit mit ihren Kindern verbringen wollen, muss der Staat dafür Ideen entwickeln.

Bundespräsident Joachim Gauck hat mit dem Überlegen schon mal begonnen. Eltern seien in der Mitte des Lebens „mit Kindern und Karriere systematisch überfordert", sagte er im März 2015 in einem Vortrag über die alternde Gesellschaft. Da jedoch die Lebenszeit länger werde, könnten Aufgaben umverteilt werden. Viele Ruheständler sehnten sich nicht nach Ruhe, sondern wollten in der Arbeitswelt länger gebraucht werden. Das könnte Jüngere entlasten, denen so mehr Zeit für die Familie bliebe. Und die Karriere?

> Die **Rushhour des Lebens** muss entzerrt werden, fordern Politiker

„Auch mit 50 oder 60 kann man aufsteigen und Führungspositionen erreichen", so Gauck. „Eine der wichtigsten Botschaften des demografischen Wandels heißt doch: Wir gewinnen Lebenszeit. Es geht darum, diese Zeit sinnvoll zu nutzen und zu verteilen."

Der Bundespräsident greift damit eine Idee der Soziologin Jutta Allmendinger auf. Sie schlägt vor, dass Männer und Frauen ihre Lebensarbeitszeit ausdehnen sollten, weil sie im Alter länger gesund blieben. In den mittleren Jahren aber, in denen die Familie sie brauche, könnten sie sich auf eine 32-Stunden-Woche im Job beschränken – und sich so auch Freiraum für anderes verschaffen. „Wir müssen uns weiterbilden, wollen Kinder erziehen, Eltern pflegen und brauchen auch mal eine Auszeit für uns selbst. 32 Stunden in der Woche, gedacht als Durchschnitt über das gesamte Erwerbsleben, erlauben diese Auszeiten", sagt Jutta Allmendinger.

Das Modell sei volkswirtschaftlich attraktiv, rechnet sie vor. Denn wenn beide Partner je 32 Stunden arbeiten gingen, sei das in der Summe mehr, als wenn der Mann in einer 40-Stunden-Woche Geld verdiene, die Frau aber so gut wie gar nichts beitrage.

Eric Schweitzer, der Präsident des Deutschen Industrie- und Handelskammertages, gibt ihr recht. Wenn Unternehmen die Arbeitszeit entzerrten und neue Wege einschlügen, kämen Frauen nicht nur leichter aus der Teilzeitfalle, auch die Wirtschaft profitiere: „Durch die Demografie werden uns künftig Millionen Arbeitskräfte fehlen. Wenn wir diese Arbeitsleistung nicht ersetzen, können wir unser jetziges Sozialprodukt nicht mehr erwirtschaften."

Unter dem Aspekt der volkswirtschaftlichen Nutzbarkeit allein aber wollen manche Mütter sich nicht beurteilt wissen. „Lasst uns in Ruhe mit den Powerfrauen", schreiben die Journalistinnen Susanne Garsoffky und Britta Sembach.

In ihrem Buch „Die ‚Alles ist möglich'-Lüge" fordern sie mehr Respekt für Mütter, die wegen ihrer Kinder auf beruflichen Aufstieg verzichten.

Es wird gestritten um Deutschlands Familien. Sehr. Ihre Verwandlung, so scheint es, hat gerade erst begonnen.

♦

Constanze von Bullion, Jg. 1964, ist Redakteurin im Politikressort der »Süddeutschen Zeitung«.
Antonina Gern, Jg. 1966, arbeitet als Fotografin in Hamburg.

GEO Vorteilsabo

Eine Auswahl für jeden Anspruch.

Lesen oder verschenken Sie Ihre Wunschzeitschrift mit bis zu 12 % Ersparnis und einem tollen Dankeschön.

GEO für nur € 84,–
Die Welt erkennen, die Welt verstehen – in großartigen Fotoreportagen. 12 x im Jahr.
Selbst lesen: 127 9485 **Verschenken:** 127 9486

GEO SAISON für nur € 72,–
Das multithematische Reisemagazin für Entdecker. 12 x im Jahr.
Selbst lesen: 127 9525 **Verschenken:** 127 9526

GEO SPECIAL für nur € 45,–
Das Magazin für fundiertes Reisewissen. 6 x im Jahr mit 12% Ersparnis.
Selbst lesen: 127 9505 **Verschenken:** 127 9506

GEO EPOCHE für nur € 60,–
Die spannendsten Seiten unserer Geschichte. 6 x im Jahr.
Selbst lesen: 127 9545 **Verschenken:** 127 9546

GEOkompakt für nur € 33,–
Alle Bausteine für Ihre Bibliothek des Wissens. 4 x im Jahr mit 8% Ersparnis.
Selbst lesen: 127 9465 **Verschenken:** 127 9466

GEO WISSEN für nur € 34,–
Relevante Bereiche der Wissenschaft. 4 x in zwei Jahren mit 11% Ersparnis.
Selbst lesen: 127 9565 **Verschenken:** 127 9566

GEOlino für nur € 45,60
Deutschlands größte Kinderzeitschrift. Für alle ab 8 Jahren. 12 x im Jahr.
Selbst lesen: 127 9585 **Verschenken:** 127 9586

GEOlino extra für nur € 39,–
Ein Heft, ein Thema. Für alle ab 8 Jahren. 6 x im Jahr mit 7 % Ersparnis.
Selbst lesen: 127 9605 **Verschenken:** 127 9606

GEOmini für nur € 40,80
Das Magazin für neugierige Erstleser ab 5 Jahren. 12 x im Jahr.
Selbst lesen: 127 9625 **Verschenken:** 127 9626

+

Lieferung ohne iPod

Retro-Dockingstation

GRATIS dazu

- ✓ Ein Geschenk GRATIS
- ✓ Lieferung frei Haus
- ✓ Ein oder mehrere Magazine Ihrer Wahl
- ✓ Ideale Geschenkidee

GEO-Magazine online bestellen und noch mehr Angebote nutzen unter

www.geo.de/familie

Per Telefon: (bitte die Bestell-Nr. angeben)

+49 (0)40/5555 89 90

Vertrieb: Belieferung, Betreuung und Inkasso erfolgen durch DPV Deutscher Pressevertrieb GmbH, Nils Oberschelp (Vorsitz), Heino Dührkop, Dr. Michael Rathje, Düsternstraße 1–3, 20355 Hamburg, als leistender Unternehmer. AG Hamburg, HRB 95752.

Ein *kompliziertes* Verhältnis

Eine Familie baut auf Bindung und Stabilität – der moderne Kapitalismus erfordert hingegen Kampf und maximale Mobilität. Dieser Widerspruch lässt sich nur auflösen, sagt der Philosoph Dieter Thomä, wenn wir neue Rollen erfinden

Essay: DIETER THOMÄ; Fotos: MARCUS BLEASDALE

Familie und Beruf verhalten sich zueinander wie Feuer und Wasser: Es sind zwei Erscheinungen mit völlig konträren Eigenschaften. Treffen sie aufeinander, zischt es und brodelt. Am Ende erlischt das Feuer, oder das Wasser verdampft. Nebeneinander existieren können Beruf und Familie nur im fortwährenden Kampf.

Zumindest gilt das für die marktwirtschaftlich orientierten Gesellschaften. Denn hier ist Beruf in ein kapitalistisches Wirtschaftssystem eingebunden. Eines seiner hervorstechendsten Merkmale ist das Flüssige, *liquidus* im Lateinischen. Der kapitalistische Prozess ist darauf angewiesen, dass allzeit alles anders werden kann. Im immerwährenden Wettbewerb müssen Menschen in Bewegung bleiben und Güter zirkulieren. Der Kapitalist kennt zwar auch das „Festgeld", er legt sein Geld an. Aber er tut dies mit der Absicht, seine Beteiligungen mit Gewinn aufzulösen und wieder in „Spielgeld" zu verwandeln.

So wird er zum Feind alles Festen. Der Kapitalismus zermürbt Traditionen und zersetzt Institutionen – allen voran die Familie. Wer sich nämlich auf die Familie einlässt, entscheidet sich gegen das flüssige Leben. Im Gegensatz zum Kapitalismus baut das familiäre Leben auf Bindung, Verlässlichkeit, Stabilität.

Und auf Hingabe. Das ist ein Zustand, der erfüllend sein kann, leidenschaftlich und verzehrend – aber nichts mit dem zu tun hat, wofür der kapitalistisch Denkende steht: Er will sich nicht hingeben, sondern am Drücker sein.

Er will Chancen ergreifen, aber nicht ergriffen sein. In der familiären Welt könnte der Kapitalist nur verlieren. Denn er würde sich selbst verlieren.

Versuchsweise könnte er fragen: „Welchen Mehrwert werde ich aus dieser emotionalen Investion ziehen?" Doch bei der Suche nach einer Antwort würde

Immer zum äußersten Einsatz bereit: Wenn der ökonomische Wettbewerb das Leben bestimmt, ist kein Platz mehr für die Bedürfnisse von Kindern und Familie

er leer ausgehen. Man kann nicht sagen: „Der Nutzen der Familie ist 1,5-mal so groß wie das Leben ohne Familie."

Früher mag dieses ökonomische Kalkül auch in der Familie noch eine Rolle gespielt haben. Da mussten Kinder als Gewähr dafür herhalten, dass man im Alter versorgt ist. Doch heute funktioniert so ein Ausgleich nicht mehr als Geschäft, sondern höchstens als Geschenk. Die rationale ökonomische Logik muss heute zu dem Schluss führen, dass Familie zu riskant ist. Sie frisst Ressourcen, Zeit, Geld, Nerven.

Die Eigenart der Familie ist, dass man sich auf etwas einlässt, das man nicht kontrollieren kann. Man bekommt vielleicht ein Kind, das schwer krank ist, man beginnt die Beziehung mit dem besten Willen, und doch scheitert sie.

Beruf und Familie: Das eine ist eine Sphäre des Kampfes, das andere eine Sphäre der Erholung, meinen viele, vor allem Männer. Sie reiben sich in der kalten Welt des Jobs auf und kehren dann erschöpft zurück an den warmen Herd.

Doch das Familienleben ist viel zu anstrengend, um als Wellnessoase zu taugen. Es ist zudem aber auch viel zu schön und aufregend, als dass man darin nur die Gelegenheit sehen dürfte, sich für den nächsten Arbeitstag wieder in Form zu bringen.

Diese Erkenntnis bedeutet nicht, den Kapitalismus zu dämonisieren oder die Familie zu idealisieren. Doch wir sollten uns nüchtern eingestehen: Die Vereinbarkeit von Familie und Beruf ist ein Ideal, an dem wir uns orientieren können, das uns aber in einen fortdauernden inneren Zwist stürzt.

Zugegeben: Diese Erkenntnis ist nicht neu. Schon Mitte des 20. Jahrhunderts hat der bis heute einflussreiche Ökonom Joseph Schumpeter, der so enthusiastisch wie kaum ein anderer die

Chancen des Kapitalismus pries, eingeräumt: Es liegt in der Natur des kapitalistischen Denkstils, Gemeinschaft und damit auch die Familie zu zersetzen.

Neu aber ist heute, dass jedes Individuum diesen Kampf selbst ausfechten muss. Nach und nach wird jeder in unserer Gesellschaft zum Mini-Kapitalisten. Angestellte und Selbstständige müssen jeden Tag aufs Neue ihre Bereitschaft zur Anpassung beweisen. Jeder muss maximal mobil sein, flexibel, ja so „flüssig" wie irgend möglich.

Noch bis vor wenigen Jahrzehnten war das nur Sache einiger weniger in den oberen Schichten der Gesellschaft. Der Rest lebte in traditionell gewachsenen Strukturen oder schlug sich irgendwie unter dem Zwang der Verhältnisse durch. So oder so blieben die meisten ziemlich unbeweglich – und damit auf ihre Weise anti-kapitalistisch.

Doch heute hat die marktwirtschaftliche Mentalität mehr denn je das private Leben durchdrungen. Sie hat alle Schichten der Gesellschaft erreicht, ist in alle Milieus gesickert. Schüler werden auf Wettbewerbsfähigkeit getrimmt, Studenten arbeiten mit vielen Praktika an ihrem Lebenslauf, Mütter und Väter beeilen sich, Wendigkeit und Einsatzbereitschaft zu demonstrieren.

Dieser Anspruch überfordert uns zusehends, zehrt an unseren Kräften, raubt Lebensmut und Lebensfreude. Ökonomen und Sozialforscher sagen: Am unglücklichsten sind im Durchschnitt Eltern mit kleinen Kindern (selbst wenn sie deutlich häufiger auch positive Emotionen, Freude und Ausgelassenheit erleben als Kinderlose). Sie bewegen sich inmitten der brodelnden Zone, in der kapitalistisches und familiäres Denken aufeinandertreffen.

Eigentlich, so könnte man glauben, ist die Familie gegen alles gewappnet. Sie ist älter als jedes Gesellschaftssystem. Und sie war immer wieder politischen Angriffen ausgesetzt.

Im sowjetischen Kommunismus etwa wurde die Familie aufgelöst: Die Kinder, hieß es 1917, gehörten nicht den Eltern, sondern dem Vaterland. Auch der Faschismus arbeitete an der Zerstörung der Familie, indem er den Mann zu einem Pseudo-Helden stilisierte, der sich selbst aufgab, wenn er nach Heim, Geborgenheit, Nestwärme strebte.

Nun greift der Kapitalismus die Familie an. Und es scheint, als könnte ihm gelingen, einem jeden von uns die Freude an ihr zu nehmen. Kaum merklich erstickt er sie, verdrängt sie als störenden Faktor aus dem gesellschaftlichen Betriebsablauf. Familienleben wird bestenfalls auf ökonomisch sinnvolle „Quality Time" reduziert.

Natürlich: In anderen kapitalistischen Staaten scheint es um die Familie besser bestellt zu sein als in Deutschland, in den USA etwa, in skandinavischen Ländern oder Frankreich. Doch auch dort arbeitet der Kapitalismus unterschwellig gegen die Familie.

Der Unterschied zwischen diesen Ländern und Deutschland: In Frankreich und den skandinavischen Ländern versucht die Familienpolitik deutlich entschlossener diesem Prozess entgegenzuwirken, in den USA werden Lebensideale deutlich stärker von der Religion geprägt – und die bewahrt die Hingabe an die Familie.

Auch in Deutschland sehen wir dem Konflikt nicht tatenlos zu, gewiss. Es vergeht kein Tag, an dem nicht neue Maßnahmen erdacht und debattiert werden, die zu einer friedlichen Koexistenz von Familie und Kapitalismus beitragen sollen. Doch zumeist gibt es am Ende keine zwei Sieger. Sondern Opfer: entweder die Frauen, die ihre beruflichen Ambitionen zurückstellen sollen, oder die Kinder, deren Vollversorgung die Eltern „outsourcen".

> Das Zusammensein mit Kindern wird oft reduziert auf ökonomisch sinnvolle **»Quality Time«**

Wenn es heißt: Wir wollen es den Menschen erleichtern, Zeit für ihre Kinder zu haben, dann sind damit eigentlich meist nur die Frauen gemeint. Wenn man aber von Männern kapitalistischen Einsatz erwartet und Frauen aufs Zuhause festlegt, trägt man den Konflikt zwischen Kapitalismus und Familie in die Paarbeziehung hinein. Dort trifft dann der Machtmensch auf das Heimchen am Herd. Das ist weder gleichberechtigt noch sexy.

Auch der Ausbau der externen Kinderbetreuung hat Tücken. Viele Großunternehmen brüsten sich damit, Betriebskindergärten mit extralangen Öffnungszeiten zu führen. Doch sie nutzen dies, um die Teilzeitarbeit auszubremsen: Zeigt ein Mitarbeiter das nötige Engagement, wenn er unbedingt auf Teilzeit gehen will, so fragt mancher Personalchef hinter vorgehaltener Hand, obwohl der Betriebskindergarten von sieben bis 19 Uhr zur Verfügung steht?

Ähnlich zweischneidig ist die Elternzeit. Erlaubt ist eine befristete Auszeit, doch anschließend kommen die Probleme der Rollenverteilung wieder aus der Versenkung empor.

Solche ambivalenten Signale sind die Ursache des Unglücks vieler Familien. In Deutschland herrscht große Unschlüssigkeit – in der Politik, in den Unternehmen, in unseren Köpfen.

Immerzu werden wir zwischen zwei Szenarien hin- und hergerissen.

Einerseits könnten wir uns ganz dem marktwirtschaftlichen System verschreiben. Doch dann würde sich unsere Gesellschaft allmählich auflösen. Denn wenn jede Frau und jeder Mann nur noch ein wettbewerbsfähiges Individuum sein will und sein muss, werden Kinder nur noch hinderlich sein. Dann tötet der Kapitalismus die Lust an der Familie, und auch Ganztagsschulen oder staatlich finanzierte Babysitter werden kaum eine Frau oder einen Mann zu Zeugung und Empfängnis verführen.

Das Bild des allzeit verfügbaren Arbeitnehmers gehört abgeschafft, sagt Dieter Thomä. Eine berufliche Karriere dürfe auch in Wellen verlaufen

Die andere Möglichkeit: Frauen und Männer entwickeln berufliche Ambitionen und dürfen gleichermaßen die Welt der Familie entdecken. Sie dürfen sich auf das Abenteuer Familie einlassen und müssen nicht dauernd überlegen, wie sie Familienmenschen sein können, ohne ihren Ruf zu riskieren.

Doch um dieses Szenario Wirklichkeit werden zu lassen, müssen wir neue Rollen erfinden – jenseits der hingebungsvollen Hausfrau und des voll verfügbaren Arbeitnehmers. Wir müssen mehr Experimente wagen, in denen die Balance zwischen Familie und Beruf ausgetestet und ausgehandelt wird; wir müssen auch die individuellen Wege der einzelnen Familie schätzen.

Dafür sollte ein jeder sich selbst hinterfragen. Das fängt im Kleinen an, zum Beispiel bei dem scheinbar unverdächtigen Wort „Doppelbelastung“: Wie fühlt sich das Leben an, wenn man stattdessen probeweise von „Doppelerfüllung“ spricht? Und wann wird es den Männern leichtfallen, sich oder andere auch mit Kind cool zu finden?

Natürlich funktioniert so ein Sinnes-Wandel nicht ohne einen Lebens-Wandel, ohne eine Veränderung in den Strukturen, in denen wir leben und arbeiten. Deshalb wird es Zeit, dass Politiker und Wirtschaftsführer mindestens drei Dinge erkennen:

- Teilzeitarbeit darf keine Fahrt aufs innerbetriebliche Abstellgleis sein.
- Das Leben von Männern und Frauen darf in Wellen verlaufen; mal steht die Familie im Vordergrund, mal der Beruf – beides ist gleich wertvoll.
- Es ist kein Naturgesetz, dass nur erfolgreich ist, wer in der ersten Lebenshälfte darum kämpft – auch im höheren Alter muss Karriere möglich sein.

Nur dann können die zwei Quellen unseres Glücks sprudeln: zum einen die Erfüllung in Schaffenskraft, Tätigkeit und Leistung, zum anderen Hingabe und Geborgenheit.

Wenn wir aber das kapitalistische Denken in jedem Lebensbereich kultivieren und die Familie nicht mindestens ebenso ernst nehmen, gerät sie in den Hintergrund. Das Wasser, so könnte man sagen, überflutet alles und lässt das Feuer verlöschen. Und damit, so ist zu befürchten, auch Licht und Wärme.

♦

Professor Dr. Dieter Thomä, Jg. 1959, lehrt Philosophie an der Universität St. Gallen und schreibt Bücher (u.a. »Eltern. Kleine Philosophie einer riskanten Lebensform«, C. H. Beck).

Über den Tod hinaus

Ein Nachlass entfacht oft Konflikte, die schon lange in einer Familie schwelen, aber niemals offen ausgetragen wurden. Der Testamentsvollstrecker Stephan Konrad erklärt, wie sich Streit um ein Erbe schlichten oder vermeiden lässt

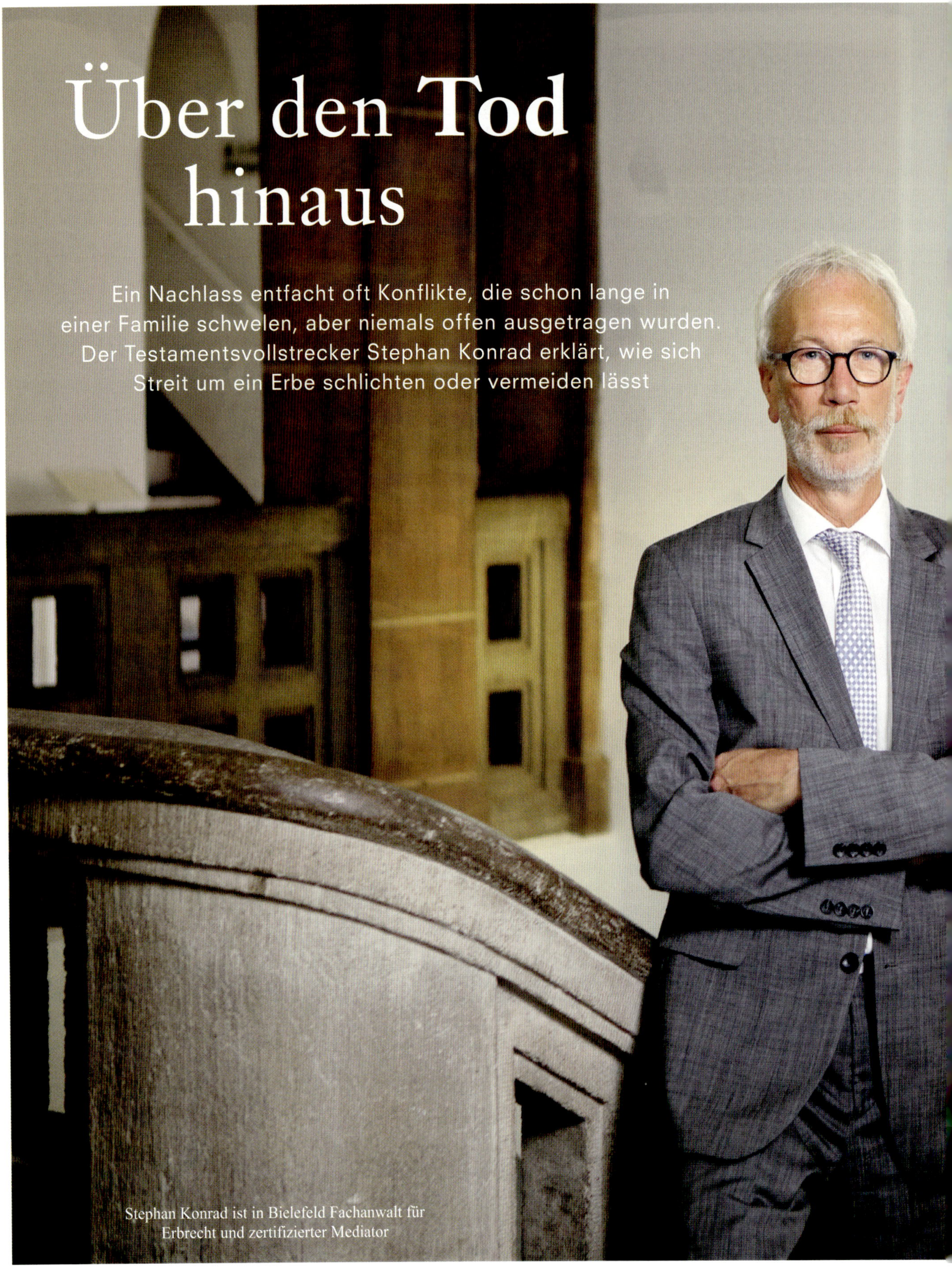

Stephan Konrad ist in Bielefeld Fachanwalt für Erbrecht und zertifizierter Mediator

STAERKE
WAHRHEIT

Interview: MARIA KIRADY, BERTRAM WEISS
Fotos: PAULA MARKERT

GEO WISSEN: ***Herr Konrad, jedes Jahr vererben die Deutschen Schätzungen zufolge 250 Milliarden Euro. Wohin gelangt all das Geld?***

STEPHAN KONRAD: Der Besitz, den Menschen in ihrem Leben anhäufen und dann vererben, bleibt zum Großteil in der Familie. In den meisten Fällen erhalten Kinder oder Ehegatten den Nachlass. Aber immer weniger Menschen haben so nahe Angehörige. Deshalb kommt es immer häufiger vor, dass sie ihr Eigentum gemeinnützigen Organisationen vererben. Andere möchten ihr Vermögen gelegentlich sogar einem Haustier hinterlassen. Aber das ist in Deutschland nicht möglich.

Weshalb ist es so wichtig, wer das Erbe erhält?

Es geht ja nicht allein darum, dass Besitz von einem zum anderen wechselt. Das Erbe ist für die meisten Menschen ein Weg, um ein Stück von sich selbst zu erhalten, über den Tod hinaus.

In Schweden heißt es: „Wenn Gott mit dem Tod kommt, dann kommt der Teufel mit den Erben." Denn eine Erbschaft ist für eine Familie oft eine Zerreißprobe. Was der Patriarch einst erlassen hat, kann Wirkung über Generationen haben: für Kinder, Enkel, Urenkel. Es gibt rechtlich zulässige Mechanismen, mit denen Verstorbene eine Familie über Jahrhunderte hinweg gewissermaßen knebeln können.

Zum Beispiel kann man verfügen, dass ein Haus über lange Zeit nicht verkauft werden darf und nur an einen Blutsverwandten zu vererben ist. Dann hat eine Familie womöglich einen Besitz, der sie ewig belastet, weil entsetzliche Erinnerungen damit verbunden sind, und wird ihn doch nicht los.

»Nicht selten beginnen Familien schon auf der Beerdigung zu streiten«

Bietet das Erbe deshalb Grund für Streit?

Oft sind es viel profanere Anlässe, die Familien zerrütten. Die Beteiligten wollen zum Beispiel nicht wahrhaben, dass der Nachlass geringer ist als erwartet. Wo ist der Rest, fragen sie. Dann gerät die Person ins Visier, die den Verstorbenen in der letzten Lebensphase betreut hat und vielleicht eine Vorsorgevollmacht mit bestimmten Zahlungsberechtigungen hatte.

Manchmal folgen die Erben auch nur der blanken Gier. Doch meist ist der Streit um den Nachlass ein Stellvertreterkrieg. Da wird um eine Sache oder Geld gerungen – der eigentliche Konflikt aber liegt woanders.

Was bedeutet das?

Die Wurzeln eines Erbschaftsstreites liegen meist in den Lebzeiten des Verstorbenen. Nach dem Tod bricht ein Konflikt hervor, der vielleicht niemals offen ausgetragen wurde, aber schon lange in der Familie schwelt. Dann ist der Zeitpunkt gekommen, um Rache zu üben und andere zu erniedrigen. Zum Beispiel für eine andauernde ungerechte Behandlung: Du bist immer Papas Liebling gewesen, heißt es dann, und ich war das schwarze Schaf! Jetzt wird die Ungerechtigkeit ausgeglichen!

Ich habe einmal zwischen einem Bruder und einer Schwester vermittelt. Der Mann sollte eine Firma erben, die Frau hatte lange vorher schriftlich darauf verzichtet. Nun wollte sie doch einen Anteil. Aber eigentlich stritten sie um etwas anderes. Er war der Ansicht: „Sie ist ein egoistisches Luder, hat nie arbeiten und die Firma unterstützen wollen." Sie dagegen: „Ich wollte immer, aber man hat mich nie gelassen."

Je größer das Erbe, desto heftiger die Auseinandersetzungen?

Meist sind es eher Kleinigkeiten, um die erbittert gestritten wird: der Pelz der Großmutter, ein Taufkleid, ein Geschirrservice. Auch um Mobiliar wird heftig gekämpft oder um das Elternhaus, in dem die Kinder zusammen aufgewachsen sind. Denn der Wert kann sehr unterschiedlich eingeschätzt werden. Dann heißt es: Du bekommst die Sache, aber ich bekomme stattdessen mehr Geld.

Manchmal geht es aber auch um völlig wertlose Alltagsgegenstände, um gebrauchte Elektrogeräte etwa oder eine Kuchenform. Für die Hinterbliebenen haben diese Dinge aber einen ideellen Wert, Juristen sprechen von „Affektionsinteresse".

Gibt es Familien, die sich eher streiten als andere?

Sehr gefährdet sind Patchwork-Familien. Denn das deutsche Erbrecht ist ein Blutrecht, es zählt also die biologische Verwandtschaft. Es kommt aber nicht selten vor, dass Halbgeschwister miteinander aufwachsen oder Kinder, die überhaupt nicht verwandt sind.

Bei Auseinandersetzungen vor Gericht gibt es meist nur Sieger und Verlierer. In einer Mediation suchen die Erben dagegen nach einem Kompromiss

Viele haben auch Kinder aus zwei oder mehr Ehen. Dann prallen das Erbrecht und der Letzte Wille des Toten – oder das, was die Nachkommen dafür halten – aufeinander.

Besonders schwierig wird es, wenn nach dem Tod eines Menschen jemand Rechte anmeldet, der bis dahin der Familie nicht bekannt war. Plötzlich gibt es eine neue Halbschwester oder einen totgesagten Bruder, der den gleichen Anspruch hat wie alle anderen.

In einem meiner Fälle wurde eine gut situierte, hochgebildete Familie damit konfrontiert, dass es ein Mitglied ihrer Sippe gab, das schon lange gewissermaßen in der Gosse lebte. In einem anderen Fall stellte sich erst bei der Regelung des Erbes heraus: Der Sohn war nicht mit seinem verstorbenen Vater verwandt. Dafür gab es einen anderen, bis dahin Unbekannten, der dann alles erbte.

Als Mediator vermittelt Stephan Konrad zwischen zerstrittenen Erben und versucht, eine außergerichtliche Einigung zu erzielen. Manchmal sind die Grenzen zu einer Familientherapie dabei fließend

In den meisten Fällen müssen Nachkommen über die Erbschaft nachdenken, obwohl sie in einem emotionalen Ausnahmezustand sind: Sie trauern.

Binnen sechs Wochen haben sie eine Entscheidung zu treffen, ob sie den Nachlass annehmen oder ausschlagen wollen. Das kann durchaus klug sein, wenn es überwiegend Schulden zu erben gibt. Der Gesetzgeber sieht außerdem eine Frist von drei Monaten vor, in der man Verbindlichkeiten ignorieren kann, zum Beispiel gegenüber einer Bank oder einem Vermieter. Danach werden Erben gewissermaßen gezwungen, sich mit dem Thema auseinanderzusetzen. Trotzdem ist es nicht selten, dass Familienmitglieder schon auf der Beerdigung anfangen, um das Erbe zu streiten, wirklich am offenen Grab.

Was sollte eine Familie tun, die in so eine Auseinandersetzung gerät?

Erbstreitigkeiten vor Gericht können fürchterlich sein. Häufig geht es darin noch erbarmungsloser zu als in einem Scheidungs- oder Unterhaltsprozess. Aber so weit sollten Familien es nicht kommen lassen. Sobald die Beteiligten merken, dass sie selbst nicht mehr ruhig miteinander reden können, sondern Emotionen aufwallen, sollten sie professionelle Hilfe suchen.

Um die Rechtslage zu klären, kann man einen Fachanwalt für Erbrecht hinzuziehen. Doch um einen Streit beizulegen, sollte man sich an einen Mediator wenden. In den meisten Fällen sind dies spezialisierte Fachanwälte mit einer Zusatzausbildung.

Sie haben diese Qualifikation. Wie gehen Sie bei einer Mediation vor?

Zunächst ist es wichtig, dass bei der Mediation nur die Betroffenen im Raum sind. Keine Anwälte, keine Ehegatten, keine Lebenspartner, keine Freunde. Wenn die zu einem Termin mitkommen, sollten sie vor der Tür warten. Allein das entschärft mitunter die Situation. Häufig schüren gerade die Anverwandten den Streit.

Im ersten Schritt bitte ich jeden, seine Sichtweise genau zu beschreiben. So entsteht eine Liste von Streitpunkten. Das Ziel: Für jeden Punkt soll eine Lösung gefunden werden, die alle Parteien gleichermaßen zufriedenstellt.

Um dorthin zu gelangen, stelle ich im zweiten Schritt vor allem Fragen: Weshalb liegt Ihnen so viel an diesem Geschirr? Warum soll der andere die 5000 Euro nicht bekommen?

Das tatsächliche Interesse muss geklärt werden. Häufig hören die Beteiligten sich dann zum ersten Mal in Ruhe gegenseitig zu. Oder jemand spricht erstmals aus, was ihn wirklich umtreibt, bricht vielleicht in Tränen aus.

Ist eine Mediation zugleich so etwas wie eine Therapie?

Nein, ein Mediator will und kann nicht heilen. Dennoch stehen häufig die Gefühle im Mittelpunkt des Gesprächs. Der Effekt einer Mediation kann also durchaus dem einer Therapie ähneln: Menschen beginnen sich oder eine Beziehung besser zu verstehen, setzen sich mit einer lange verdrängten Empfindung auseinander oder finden einen neuen Umgang miteinander. Ich frage

> **»Manche Klienten wollen mit dem Testament gezielt Zwietracht säen«**

beispielsweise die Familienmitglieder häufig: Was müssten Sie tun, damit Sie sich alle völlig überwerfen – damit der Streit also gänzlich eskaliert? Dann fangen die Betroffenen an zu grübeln, feixen, lachen.

An diesem Punkt beginne ich, nach möglichen Auswegen zu fragen. Denn nur eine Lösung, die die Betroffenen selbst gefunden haben, ist wirklich tragfähig. Deshalb kann am Ende einer Mediation ein Ergebnis stehen, das das Gesetz gar nicht vorsieht.

Können Sie ein Beispiel nennen?

In einem Fall haben sich die Erben um eine Bibliothek gestritten. Nach dem Gesetz hätte es nur eine gerichtlich durchsetzbare Möglichkeit gegeben: Alle Bücher werden versteigert, das Geld fällt in den Nachlass und wird nach Quoten verteilt.

Aber im Kern ging es den Streitenden gar nicht um das Geld, sondern um die Erinnerungen, die sie mit den Büchern verknüpften.

Deshalb haben sie folgende Lösung gefunden: Jeder durfte sich zehn Bücher greifen, immer reihum, bis die Bibliothek leer war. In welcher Reihenfolge sie wählten, entschied das Los. Bei der Verteilung feilschten die Erben um die Bücher, blätterten gemeinsam, erinnerten sich an den Verstorbenen – und kamen sich so wieder näher.

In einem anderen Fall stritten sich die Erben um einen Orden des Verstorbenen. In der Mediation legten sie einen genauen Plan fest, wer das Ehrenabzeichen wie lange besitzen darf. Nun geht es in der Familie herum wie ein Wanderpokal, und jeder ist froh, es eine Weile anschauen zu dürfen.

Wie kann man sein Erbe so regeln, dass es möglichst zu keinem Streit kommt?

Erst ein Testament vermag die gesetzliche Erbfolge außer Kraft zu setzen und ermöglicht, das Erbe frei zu gestalten. Will man etwa Freunde, Kollegen, nichteheliche Lebenspartner oder gemeinnützige Organisationen bedenken, muss man ein Testament aufsetzen. Dabei kommt es allerdings auf Feinheiten an, in denen man sich als Laie leicht verirren kann. Juristisch gibt es zum Beispiel einen Unterschied zwischen Erbschaft und Vermächtnis.

Erbschaft bedeutet: Eine oder mehrere Personen übernehmen alle Rechte und Pflichten des Verstorbenen. Zum Beispiel formuliert man: Ich setze meinen Sohn als Erben ein. Ein Vermächtnis ist ein definierter Anspruch. Zum Beispiel: Die Tante erhält den Schmuck, der Nachbar erhält 0,5 Prozent des Barvermögens. Die Erben sind verpflichtet, das verfügte Vermächtnis auszuhändigen. Wenn man diesen Begriffsunterschied beachtet, kann man schon viel Ärger vermeiden.

Außerdem glauben viele, ein Testament müsse besonders detailliert in Bezug auf den Inhalt des Nachlasses sein. Bei Immobilien kann das seine Berechtigung haben, nicht aber zum Beispiel bei Geldvermögen. Denn es ist keineswegs klar, dass der Besitz im Augenblick des Testaments der gleiche ist wie im Moment des Todes.

Wie setzt man ein Testament auf?

Zum einen kann man ein handschriftliches Testament verfassen. Mit Ort, Datum und Unterschrift versehen, ist es rechtsgültig. Wenn man im Laufe der Jahre mehrere Testamente nacheinander aufsetzt, sollte man eindeutig formulieren, dass man die älteren für ungültig erklärt, oder diese vernichten.

Im deutschen Erbrecht zählt vor allem die biologische Verwandtschaft. Daher kommt es besonders in Patchwork-Familien nach Todesfällen oft zu Auseinandersetzungen

Zum anderen gibt es das notarielle Testament. Der Notar beurkundet es und hinterlegt es beim Nachlassgericht.

In beiden Fällen braucht man in der Regel einen Fachmann, um juristische Feinheiten zu beachten; man sollte sich an einen Fachanwalt für Erbrecht oder einen im Erbrecht erfahrenen Notar wenden. Die helfen einem dabei, Formulierungen zu finden, die es pfiffigen Juristen später nicht allzu leicht machen, den Letzten Willen anders als gewollt auszulegen.

Die dritte Möglichkeit, die allerdings nur sehr selten angewendet wird, ist das Drei-Zeugen-Testament. Wenn Sie keine Chance haben, vor Ihrem Ableben ein Testament aufzusetzen – zum Beispiel, weil Sie nicht mehr selbst schreiben können –, und kein Notar beigezogen werden kann, können Sie drei Zeugen Ihren Letzten Willen mündlich mitteilen. Wenn Sie danach allerdings länger als drei Monate weiterleben, verfällt dieses Testament.

Weshalb fällt es vielen Menschen schwer, ein Testament aufzusetzen?

Es zwingt einen, Entscheidungen zu treffen und sich mit seiner Sterblichkeit auseinanderzusetzen. So irrational es ist: Viele Menschen meinen, sie seien dem Tod näher, sobald es ein Testament gibt. Ich sage meinen Mandanten dagegen: Sie können Ihren Letzten Willen nie zu früh formulieren, nur zu spät.

Aber jeder trägt mit einem Erbe auch eine Verantwortung: Man muss dafür sorgen, dass Besitz in der Nachwelt keinen Schaden anrichtet. Deshalb ist es nicht nur wichtig, seinen Letzten Willen zu bekunden – sondern auch, mit den potenziellen Erben darüber zu sprechen. Vielleicht möchte ein Kind ja eher Bargeld, um eine Weltreise zu finanzieren; ein anderes würde sich über ein Grundstück freuen, um darauf ein Haus zu errichten.

Sollte man seinen Besitz schon zu Lebzeiten verteilen?

Es kann für alle Beteiligten hilfreich sein, wenn Teile des zukünftigen Erbes als Schenkung vorzeitig weitergegeben werden. Allerdings sollte man darauf achten, dass dies auch schriftlich festgehalten wird und man bekundet, wie diese Schenkung beim Erbe berücksichtigt wird. Zum Beispiel müssen Geschwister einen Ausgleich erhalten. Ich erlebe es häufig, dass genau das versäumt wird. Dann ist der Streit programmiert.

Wie ist sicherzustellen, dass das eigene Testament beachtet wird?

Es ist möglich, zu Lebzeiten einen Testamentsvollstrecker zu bestimmen, der darüber wacht, dass der Letzte Wille umgesetzt wird. Das ist vor allem dann sinnvoll, wenn man Streit erwartet oder kompliziertere Regelungen umgesetzt haben möchte. Zum Beispiel: Eine Immobilie soll für längere Zeit für die Erben verwaltet werden. Oder: Bestimmte Gegenstände sollen an einzelne Erben verteilt werden.

Aber mit komplizierten Regelungen schürt man vielleicht auch Streit?

Ich habe gelegentlich den Eindruck, dass manche mithilfe des Testaments gezielt Zwietracht säen wollen in der Familie. Ein letztes Mal wollen sie ihren Willen durchsetzen, erziehen oder bestrafen. Und noch über Generationen hinweg bestimmen, in welcher Weise sich ihre Sippe entwickelt.

Erbschaft ist demnach auch ein Mittel der Macht?

Ja, der Mechanismus von Vererben und Erben formt den Mikrokosmos Familie. Auch schon zu Lebzeiten – der Ausspruch „Ich enterbe dich“ ist ja ein beliebtes Mittel, um erwachsene Kinder zur Räson zu bringen. Dabei ist das Enterben gar nicht so einfach: Die gesetzliche Erbfolge sichert Eltern, Ehepartnern und Kindern einen Mindestanteil am Nachlass zu. Das kann nur in Ausnahmefällen umgangen werden, zum Beispiel bei einer schweren Straftat des potenziellen Erben.

Erbschaft ist aber auch auf die ganze Gesellschaft bezogen ein Mittel der Macht. Erst durch das Vererben können sich Vermögen über Generationen hinweg anhäufen, können sich Familien zu einflussreichen Dynastien entwickeln. Erbschaft entscheidet mit darüber, wie jemand lebt und ob er selbst eine Familie gründet.

Die Erbschaftssteuer sorgt in Deutschland dafür, dass ein Teil des gesammelten Vermögens auch der Allgemeinheit nutzen soll. Aber genau darum gibt es politisch viel Streit. Die einen sagen: Erbschaft widerspricht der Idee, dass in einer freien Marktwirtschaft jeder gleiche Chancen hat. Die anderen kontern: Erbschaft folgt dem Prinzip der Abstammung und dem Recht eines jeden, seine Nächsten abzusichern.

Deutschland steht vor einer „Erbschaftswelle“, die die Gesellschaft verändern wird, sagen Experten.

In der Tat werden in den kommenden Jahren vor allem jene Menschen sterben, die vom Wirtschaftswunder profitiert haben. Über Jahrzehnte konnten sie Vermögen ansammeln und sind nun die reichste Generation, die es je in Deutschland gegeben hat.

Von einer Erbschaftswelle würde ich dennoch nicht sprechen. Es ist ja nicht so, dass alle gleichermaßen erfasst werden. Vielmehr erhält ein Teil der Gesellschaft in Deutschland viel Geld, im weitaus größeren Teil aber gibt es nichts oder sehr wenig zu erben.

Hinzu kommt, dass viele Alternde ihr Vermögen nach und nach selbst aufbrauchen: Allein die Pflege verschlingt so viel Geld, dass am Ende eines langen Lebens vielleicht gar nichts mehr übrig ist.

Dann bleiben nach dem Tod eines Menschen oft nur noch jene zurück, die ihn gekannt oder geliebt haben.

Aber das ist doch das Schönste, was wir hinterlassen können.

♦

Stephan Konrad, Jg. 1955,
ist Vorsitzender des Netzwerks Deutscher Testamentsvollstrecker und Mitgründer des Netzwerks Deutscher Erbrechtsexperten: www.ndeex.de.

Ein Mann, zwei Familien

Nur durch Zufall entdeckt eine verheiratete Frau und Mutter von zwei Kindern, dass ihr Mann noch eine weitere Familie hat, seit 15 Jahren. Gerade mal sieben Kilometer trennen die eine von der anderen. Die Geschichte eines Doppellebens

Protokoll: VERA SANDBERG; Illustrationen: TIM MÖLLER-KAYA

Der Mann hat zwei Söhne mit der einen Frau, einen Sohn und eine Tochter mit der anderen. Drei der Kinder gehen auf die gleiche Schule

E

Es war eine unspektakuläre Szene, die meine Welt aus den Angeln hob. Ich studierte die Filmplakate am Kinoeingang, als ich meinen Mann in der Schlange am Kartenschalter entdeckte. Ich wollte zu ihm hingehen, den Vater unserer beiden Kinder umarmen, rufen: „Überraschung! Bin doch nicht weggefahren." Denn eigentlich hatte ich zu einer Freundin aufs Land fahren wollen. Da bemerkte ich die Frau neben ihm, sah, dass ihre Hand in seinem Trenchcoat steckte. Selbstverständlich und vertraut. Es war kalt und regnerisch an diesem Tag.

Ich brauchte einen Moment, um die Geste zu entschlüsseln, so abwegig erschien sie mir. Und dann ging ich, oder vielmehr: Ich rannte davon.

Später am Abend stand er vor mir in unserer Küche und sagte: „Ich werde dir jetzt etwas erzählen, was du nicht für möglich hältst." Ja, die Frau sei seine Geliebte. Seit 15 Jahren. Ihre beiden Kinder seien auch seine Kinder.

Ich hörte seine Worte, aber verstand nicht. Er hatte also nicht nur eine Affäre, er hatte eine zweite Familie, eine Schattenfamilie. Gibt es so ein Wort überhaupt?

Sieben Minuten hat er gebraucht von einem Leben ins andere. Sieben Kilometer zwischen unserem Haus und ihrem. Sein Wagen kannte den Weg. Zwei Frauen, vier Kinder. Weihnachten, Ferien, Geburtstage, Geschenke: alles doppelt. In einem Leben zusammenzuhalten nur mit unzähligen Lügen.

Ich versuchte das, was er sagte, mit den Erinnerungen in Einklang zu bringen, die auf mich einstürmten und zu Zerrbildern wurden: unser Leben, die Hochzeit, die Geburt der Kinder, der Umzug in unser Haus – Glücksmomente und Alltag.

Er starrte mich an, panisch, und flüsterte: „Sag doch was, schlag mich, bring mich um."

Aber ich war gelähmt. Meine Welt zerbrach. Das klingt nach Schlagertext, aber es war so. Alles schwankte, kam ins Rutschen. Die Welt, in der ich mich zuvor sicher und geborgen fühlte, bot keinen Halt mehr.

Mein Mann hat eine Schattenfamilie gegründet, ein Doppelleben geführt – und damit meines ungültig gemacht.

Alles, was ich bis dahin gefühlt und getan hatte, beruhte also auf falschen Annahmen. Ich dachte, unsere Ehe sei glücklich. Wenig Streit, viel Vertrauen, kaum Eifersucht. Ich wollte keine Frau sein, die klammert, ließ ihn ohne Argwohn tagelang verreisen. Als Keyboarder musste er nun einmal unterwegs sein. Seine Arbeit fand ich wichtig und interessant.

Was jetzt für mich begann, glich der Arbeit einer Archäologin. Ich musste die Vergangenheit freilegen, rekonstruieren. Es galt, jedes Detail meiner Erinnerung neu zu bewerten. Ich

Wenn der Mann, ein Musiker, zu seiner zweiten Familie fährt, erzählt er der Ehefrau, er trete mit seiner Band auf. Nur wenige Minuten braucht er von einem Leben in das andere

»Da bemerkte ich die Frau neben ihm, sah *ihre Hand in seinem Trenchcoat*. Selbstverständlich und vertraut«

blätterte in Fotoalben, betrachtete die Bilder aus Paris, auf denen wir so verliebt in die Kamera glotzen, rechnete nach: Ja, da hatte es die Schattenfamilie schon gegeben. Ihre Abendessen am Familientisch, ihre gemeinsamen Nächte.

Auch als mein Vater starb und mein Mann mir die Hand hielt, gab es sie. Als unsere Söhne konfirmiert wurden, gab es sie. Er kam beide Male erst spätabends zur Feier. Herbeigeeilt von einer Tournee, wie ich glaubte.

Damals hatte ich mir keine Gedanken gemacht. Jetzt fragte ich mich: Was war wohl wichtiger als unsere Familienfeiern? Seine heimliche Tochter war damals ungefähr fünf Jahre alt. Hatte sie Zahnweh und brauchte Papas Trost? Hatte ihre Mutter Dienst, und er musste babysitten?

Und als ich meine schwere Operation hatte und er nur kurz im Krankenhaus vorbeischaute, nervös, kreidebleich, da dachte ich: Er ist so sensibel. Tatsächlich aber saß er wohl einfach auf heißen Kohlen. Musste zu den anderen.

Gedanken dieser Art sind zermürbend, höhlen einen aus. Ungeheuerlich immer aufs Neue die Erkenntnis: Ich hatte ihn nur wenige Jahre für mich.

Wir kamen schon als Teenager zusammen. Bei der Heirat war ich 18, er 21. Drei Jahre später hatten wir zwei Söhne. Er gründete das Quartett, mit dem er durch die Welt zog und unseren Lebensunterhalt verdiente. Zumindest einen Teil davon. Ich arbeitete in einem Sanitärbetrieb. Wir wohnten in einer kleinen Wohnung. Eine ganz normale Familie.

D

Doch in jener Zeit lernte er die andere Frau kennen und bekam mit ihr einen Sohn und eine Tochter. Die Andere kannte die Wahrheit, sie hat mich bei seinen Auftritten gesehen. Ihre Kinder aber wurden ebenso getäuscht wie ich: Die Kleinen glaubten, dass der Papa auf Tournee sei, wenn er nicht bei ihnen war. In Wahrheit war er bei mir und unseren Söhnen.

Unsere Familie: ein Dienst? Und die andere: die Kür? Oder umgekehrt? Warum? Wie konnte das passieren? Die Ant-

wort ist erschütternd schlicht. Als er die andere Frau kennenlernte, herrschte in unserer Ehe gerade Flaute. Mich überforderten unsere beiden kleinen Söhne, ständig war die Schwiegermutter im Haus. Ich habe funktioniert und auf bessere Zeiten gewartet.

Er aber, so glaube ich, hat sich sehr einsam gefühlt. Die Andere sprach ihn nach einem Auftritt an. Bühnenmenschen passiert so etwas. Sie tranken ein Bier, dann war es spät und er fuhr sie nach Hause. Er hat sich nicht viel dabei gedacht, aber sie rief ihn immer wieder an. Und er ließ sich immer wieder darauf ein.

Als sie schwanger war, habe er getobt, sagte er. Aber als das Neugeborene dann da war, war es nun mal: sein Kind. Ebenso das zweite. Genau wie unsere beiden Söhne.

Ich glaubte in jener Zeit, er arbeite einfach viel. Künstler können es sich nicht aussuchen, dachte ich. Und wenn wir dann mal zusammen waren, wollte ich es schön haben. Keinen Stress machen.

Wir waren immer glücklich, wenn wir Zeit für uns hatten. Und Zeit haben, das hieß: zwei, drei Tage.

Dann war er schon wieder fort.

„Bin bis Montag in Kiel“, sagte er. Oder in Rostock. Oder Mönchengladbach.

„Fahr vorsichtig. Und ruf an, wenn du da bist!“

Er rief an, erzählte vom Applaus, vom schlechten Hotelbett, vom Stau auf der Autobahn. Wie hat er das gemacht? Erst ausgerechnet, wie lange man für die Strecke braucht und dann zum Telefonieren ins Bad?

An Feiertagen hatte er immer besonders viel zu tun. Jahr für Jahr saß ich Heiligabend mit den Kindern bei meiner Mutter, ohne ihn, bis er gegen halb zehn erschien. Abgehetzt, nachdem er angeblich bei fremden Familien den Weihnachtsmann gespielt hatte. Gegen gute Bezahlung, wie er sagte.

Ich habe nicht gefragt, wie viel es denn wert sei, dass wir mit der Bescherung so lange warten, den Braten ohne ihn essen mussten. Ich wollte nicht kleinlich sein.

Auch fuhr er mit beiden Familien in Urlaub. Wir hatten oft nur wenige Tage mit ihm am Ferienort, dann war der nächste Auftritt dran und ich blieb, wie immer verständnisvoll, mit den Kindern zurück.

»Er lernte zu lügen. Wurde zum Großmeister in Sachen *Koordination* und *Täuschung*«

War ich blind? Ahnte ich wirklich nichts?

Nein. Nichts.

Irgendwann fiel mir immerhin auf, dass wir zu wenig Geld hatten – gemessen daran, wie viel er angeblich arbeitete. Ich sagte: Entweder wir müssten mehr Geld haben oder mehr Zeit füreinander.

Er murmelte nur: „Du hast ja keine Ahnung, wie schwierig das alles ist.“ Statt mich zu wundern, schämte ich mich: Er rackerte sich ab, war immer müde, und ich mit meinem Bürojob mischte mich ein.

Seltsame Dinge habe ich gedacht, damals. Beispielsweise glaubte ich insgeheim, dass Frauen, die von ihren Männern betrogen wurden, selbst daran schuld seien. Außerdem war ich überzeugt: Eine Frau muss ein Geheimnis haben. Das hat meine Oma immer gesagt – eine Weisheit aus UFA-Film-Zeiten. Ich habe meinen Mann geliebt wie niemanden sonst auf der Welt. Das war mein Geheimnis.

Zeigen konnte ich es ihm nicht. Denn Hingabe hielt ich für ein Zeichen von Schwäche.

Heiligabend kommt der Mann erst spät bei seiner Ehefrau und den Kindern an. Angeblich hat er bei Fremden den Weihnachtsmann gespielt

Er lernte zu lügen. Wurde zum Großmeister in Sachen Koordination und Täuschung. Die Lügen mussten möglichst nah an der Wahrheit liegen, das machte es einfacher, sie auch ein halbes Jahr später zu rekonstruieren.

Frage: Wie war es in Kiel? Antwort: Toll! Das musste er sich merken: Kiel war toll.

Ein großer Teil seiner Kraft ging in die Konstruktion und Absicherung dieser Lügen, die er ständig ausbauen musste.

„Meinst du, das habe ich zum Vergnügen gemacht?“

Der Satz traf mich. Nicht zum Vergnügen? Ja, weshalb hat jemand denn sonst zwei Frauen?

Bei ihr konnte er ein anderer sein, sagte er.

Was für ein anderer? Weniger angestrengt, weniger bemüht, alles richtig zu machen. Dort war er Überraschungsgast, sein Erscheinen ein Fest. Da brät man schon mal ein Huhn um Mitternacht – ohne hinterher abzuspülen.

Die Geliebte war es gewohnt, manchmal die Gegenwart der Ehefrau ertragen zu müssen, wenn wir beide bei einer Veranstaltung von ihm waren. Er begrüßte immer viele Leute, auch sie. Ich dachte mir nichts dabei.

Doch wie sollte sie ihren Kindern erklären, wer die fremde Frau war, die ihren Vater hinter der Bühne besuchte? Die sich so benahm, als gehörte sie zu ihm? Die Zeitbombe tickte.

Seine Tochter ging auf das Gymnasium, das auch unsere Söhne besuchten. Die Kinder hätten bei jedem Schulkonzert entdecken können, dass sie denselben Vater hatten; dass sie also Halbgeschwister sind.

Alles lief auf Entdeckung hinaus. Vielleicht hat er es unbewusst sogar provoziert, weil der Druck zu groß wurde. Ihre Hand in seinem Trenchcoat – das wäre ihnen zu Beginn wohl nicht passiert.

In den ersten Tagen nach dem Zusammenbruch meines Lebens bekam ich Besuch wie eine Kranke. Die Sensiblen schwiegen, die Wütenden beschimpften „das Schwein“.

Er floh zu seiner Mutter, der dritten wichtigen Frau in seinem Leben. Die Frau, die alles versteht, aber nichts kapiert. Die, die zu ihm steht, egal, was passiert. So sind Mütter. Und

GEO WISSEN Vorteilsabo

Hier steht der Mensch im Mittelpunkt.

Lesen oder verschenken Sie 4x GEO WISSEN frei Haus. Dazu erhalten Sie Ihr Dankeschön.

„GEO WISSEN bietet Lebenshilfe im besten Sinne: mit Reportagen und seriösen Hintergrundinformationen aus den Bereichen Psychologie, Bildung und Erziehung."

Herzlichst Ihr

Michael Schaper

Michael Schaper,
Chefredakteur GEO WISSEN

Im Abo mit 11 % Ersparnis

IHRE Abovorteile

1. **Dauerhafte Ersparnis**
   Im Abo 11% sparen und portofreie Lieferung. Studenten sparen 40%.
2. **Dankeschön gratis**
   Geschenk nach Wahl zur Begrüßung.
3. **Jederzeit kündbar**
   Nach Erhalt der 4. Ausgabe.
4. **Nach-Hause-Service**
   Garantiert keine Ausgabe verpassen.

Verlag: Gruner + Jahr GmbH & Co KG, Dr. Frank Stahmer, Am Baumwall 11, 20459 Hamburg. AG Hamburg, HRA 102 257. **Vertrieb:** Belieferung, Betreuung und Inkasso erfolgen durch DPV Deutscher Pressevertrieb GmbH, Nils Oberschelp (Vorsitz), Heino Dührkop, Dr. Michael Rathje, Düsternstraße 1, 20355 Hamburg, als leistender Unternehmer. AG Hamburg, HRB 95752.

1. GEO WISSEN Gesundheit
Ausgabe 1/15 „Der starke Rücken"
- Die besten Therapien und Übungen
- Inkl. DVD „60 Übungen für einen starken Rücken"

GRATIS zur Wahl

2. VICTORINOX Taschenmesser „Classic"
Klein und elegant durch den Alltag.
- Inklusive Schlüsselring und Etui
- Mit kleiner Schere und Nagelfeile mit Nagelreiniger
- Maße: ca. 5,8 x 1,0 cm

3.+4. PHILIPS Kopfhörer „SHL3060"
Das perfekte Hörerlebnis für unterwegs.
- Kraftvoller Sound und Bass
- Platzsparend zusammenklappbar
- Wahlweise in Weiß (3.) oder Schwarz (4.)

4x GEO WISSEN für nur € 34,– bestellen – Karte abschicken oder

per Telefon (bitte die Bestell-Nr. angeben):
selbst lesen: 139 4965 / verschenken: 139 4966 / als Student lesen (exkl. Geschenk): 139 4967

+49 (0)40/5555 89 90

Online mit noch mehr Angeboten:

www.geo-wissen.de/abo

»Er ist sich selbst nicht viel wert. Zwei Frauen erschienen *sicherer*, zwei Familien *behaglicher* als eine«

Söhne auch. Als ich unseren ältesten Sohn fragte, wie es ihm jetzt gehe, antwortete er: „Hauptsache, du kommst klar." Und er fügte hinzu: „Papa hoffentlich auch."

Im ersten Moment war ich enttäuscht. Wie konnte er diesen Vater noch lieben? Aber mit der Zeit breitete sich ein anderes Gefühl aus: Wenigstens etwas, das Bestand hat.

N

Nach Monaten der Selbstzerfleischung wusste mein Mann, dass er mich wollte. Nur mich. Und ich wusste, dass ich uns noch eine Chance geben wollte. Ich konnte nicht anders. Es gab keinen Stolz mehr. Nur Liebe, wenn auch eine verratene.

Jetzt endlich wollte ich ihn kennenlernen, meinen Mann.

Es wurde eine grausam schöne Zeit. So viel Zeit hatten wir vorher nie, sind essen gegangen oder spazieren, haben geredet und uns erinnert, was wir mal gewollt hatten: uns nie wehtun. Eins sein gegen den Rest der Welt. Als Familie zusammenstehen.

Er sagte die drei Worte, die bei uns nie inflationär gebraucht worden waren. Und ich glaubte ihm. Wenn wir miteinander schliefen, war es aufregender als je zuvor. Weil er so fremd war.

Mein Herz klopfte, wenn ich sein Auto auf die Einfahrt einbiegen sah, mein Magen krampfte, wenn er sich verspätete. Doch zum ersten Mal klangen seine Erklärungen echt: Da war eine Birke umgefallen, quer über die Straße, und die musste zersägt werden. So etwas hätte er sich in den Jahren zuvor nicht ausgedacht.

Er besuchte die andere Familie weiterhin. Doch ich wollte ihm glauben, dass die Liebesbeziehung beendet war und die Frau keine Rolle mehr spielte. Dass er nur zu seinen Kindern wollte, sich weiter verantwortlich fühlte. Die Frau liebe er nicht. Das hörte ich gern. Dabei war ja auch das Verrat, wie ich heute weiß. Nach 15 gemeinsamen Jahren ließ er sie einfach fallen. Hätte es nicht genauso gut mich treffen können?

Die andere Familie trat aus dem Schatten. Bald gingen unsere Söhne auch dort ein und aus. Die Halbgeschwister verstanden sich gut, seine Tochter war begeistert von ihren großen Brüdern. Auch meine Schwiegermutter interessierte sich für die neuen Enkel.

Die Verdoppelung der Familie funktionierte für alle ganz gut. Nur für seinen Jüngsten nicht: Papa hat eine Frau? Wieso? Er hat doch Mama! Und für mich funktionierte sie auf Dauer auch nicht.

Fuhr mein Mann zum Schulkonzert seiner Tochter, holte er seine Ex-Geliebte vorher ab. Gemeinsam besuchten sie die Veranstaltung, als Elternpaar. Sein Mädchen war der Star am Flügel. Ich habe versucht, mich mit ihm zu freuen, die Schattenkinder anzuerkennen als Teil von ihm. Sie sogar gern zu haben, sie konnten doch nichts dafür!

Manchmal wusste ich sie alle gemeinsam auf einem Konzert, und ich saß zu Hause mit einer Flasche Wein. Da dachte ich: Vorher war es besser.

Und dann setzte sich der Gedanke fest: Es wird nie aufhören. Ich werde ihm nie vertrauen können.

Lange habe ich darum gekämpft, Vergebung in mir zu finden, mehr Akzeptanz für die zweite Familie, mehr Klarheit der Verhältnisse. Ich suchte nach einem letzten Beweis dafür, dass ich ihm vertrauen kann. Doch den gab es nicht.

20 Jahre Ehe, davon etwa 15 Jahre mit einer Schattenfamilie: Es war, als sei an jenem Abend am Kinoschalter eine Wunde aufgebrochen, die nicht mehr heilen konnte.

Die Fremdheit zwischen uns blieb. Als er mich bat, bei einem Jubiläum mit der Anderen am selben Tisch zu sitzen, habe ich ihn hinausgeworfen. Nach fünf Jahren Hin und Her habe ich die Scheidung eingereicht.

Ein Leben war zu Ende. Aber es ging weiter. Natürlich.

Ich habe inzwischen mehr davon verstanden, was diesen Mann zu seiner Lebenslüge getrieben hat: Er kann nicht Nein sagen. Das macht ihn liebenswert und unehrlich zugleich.

Er ist sich selbst nicht viel wert und suchte deshalb Sicherheit. Zwei Frauen erschienen sicherer, zwei Familien behaglicher als eine.

Heute tut er mir leid. Er hat wieder eine neue Familie, eine junge Frau mit zwei kleinen Kindern, die nichts von seiner Geschichte weiß. Aber das geht mich nichts mehr an. Auch ich habe ein neues Leben. Mit einem Freund aus Jugendzeiten. Schon damals hatten wir uns gemocht, doch er war vergeben, ich verheiratet, und Treue war uns wichtig.

Wir haben seither unsere Kinder großgezogen, unsere Fehler gemacht, sind älter geworden. Jetzt sind wir frei füreinander. Und miteinander.

Neuerdings habe ich manchmal einen Gedanken, der mich selbst überrascht: Gut, dass alles so gekommen ist.

♦

Die Journalistin **Vera Sandberg**, Jg. 1952, lebt in der Nähe von Berlin. Gemeinsam mit der betrogenen Ehefrau suchte sie die richtigen Worte, diese Geschichte zu erzählen. Der Illustrator **Tim Möller-Kaya**, Jg. 1971, lebt in Hamburg.

Ab und zu fallen auch
kleine graue Zellen gerne
in Ekstase.
GEO
GEO
Das macht
was mit dir!

»Uns treiben die **gleichen Dinge** an«

Michaela Cmok, 53 (im Bild links), und Catrin Ziegler, 49, führen eine Modemarke in Berlin

Schon in der Modeschule waren Catrin und ich unzertrennlich. Wir belegten die gleichen Kurse und malten uns aus, wie es wäre, später einmal unabhängig zu arbeiten, eigene Schnitte zu entwerfen. Nach unseren Examen wurde der Traum Wirklichkeit: Wir gründeten eine eigene Modemarke und eröffneten einen Laden in Berlin.

Was uns antreibt, ist die gemeinsame Begeisterung für Kreativität. Wenn es um Farben geht, empfinden wir gleich, sprechen die gleiche Sprache. Wir sind beide von Farbkompositionen aller Art fasziniert, das fängt bei Stoffen an und hört bei der Wandfarbe noch lange nicht auf.

Wir lieben Gärten und Gärtnern. Wir experimentieren mit Pflanzen, tauschen uns aus über die neuesten Blumenarrangements. In London, Paris oder Mailand sind wir gemeinsam auf den Modemessen und inspirieren uns gegenseitig mit der Begeisterung für neue Ideen, die wir später in unseren Kollektionen umsetzen.

So etwas wie eine geregelte Arbeitszeit gibt es eigentlich nicht für uns, wir sind einfach zwei Freundinnen, die den ganzen Tag zusammen sind.

Früher haben wir manchmal die Nächte durchgequatscht, heute gehören die Abende den Familien. Doch unseren Kinoabend versuchen wir zu halten, einmal im Monat – wenigstens.

Vom *Zauber* des *Vertrauens*

Sie sind Ratgeber und Begleiter, Helfer in der Not oder Gefährten im Berufsleben: Freunde stehen uns oft näher als Verwandte. Aber können sie auch die Familie ersetzen?

Text: BERTRAM WEISS; Protokolle: KAROLINE AMON
Fotos: ISADORA TAST

»Es vergeht **kein Tag**, an dem wir uns nicht sehen«

Laura Krampe, 16 (r.), und Ann-Carolin Nier, 15, aus Halle/Saale konnten sich anfangs nicht leiden

Erst durch eine Gruppenarbeit in der Schule sind wir uns nahe gekommen, stellten fest, dass wir uns gut verstehen. Seither ist kein Tag vergangen, an dem wir uns nicht gesehen haben.

Caro kommt oft nach der Schule mit zu mir, und wir gehen in die Stadt. Wir singen gemeinsam in der Schulband, haben sogar ein eigenes Lied komponiert und uns bei einem Contest beworben.

Manche beneiden Caro und mich. Wir können uns einfach alles erzählen und sind füreinander da. Wenn wir Stress zu Hause mit den Eltern haben oder wenn es mit einer Beziehung kriselt, hören wir uns gegenseitig zu, behalten aber die Sorgen der anderen für uns. Das nennen wir Vertrauen.

Ich bin schon oft von Freundinnen enttäuscht worden. Meine frühere beste Freundin hat immer alles herumerzählt, auch Dinge, die gar nicht gestimmt haben. Jetzt bin ich vorsichtig. Aber Caro kann ich vertrauen, da bin ich mir sicher.

Wir haben beide einen Freund, doch die Jungs sehen wir nur abends. Beide haben dafür Verständnis. Wenn es einer von uns mal nicht so gut geht, lassen wir sogar die Verabredung mit den Jungs sausen und treffen uns.

Über was wir dann so reden? Das möchte ich nicht sagen, das geht nur Caro und mich etwas an.

E

Ein Mensch lebt nicht für sich allein, losgelöst von allen anderen. Für Gesellschaftsforscher ist *Homo sapiens* ein Gruppenwesen, das erst im Austausch mit anderen zu dem wird, was es ist. Jedes Individuum ist eingebunden in ein Geflecht von Beziehungen. Wissenschaftler, Therapeuten und Coaches zeichnen eine Art Zielscheibe, um sich das Gefüge vor Augen zu führen: ein „soziales Atom".

Dieses Atom ist gewissermaßen die kleinste Einheit der Gesellschaft. In der Mitte steht der jeweilige Mensch; darum ordnen sich in Kreisen all jene, mit denen er in einer bestimmten Situation oder Lebensphase in Kontakt steht.

Ganz innen finden sich die nächsten Vertrauten, meist die Familie, der Lebenspartner oder die Eltern, die Geschwister oder die Kinder. Am weitesten entfernt vom Zentrum sind all jene, zu denen der Betreffende eine lose, aber dennoch emotionale Beziehung pflegt, etwa Arbeitskollegen, Nachbarn, Kumpel aus dem Sportverein oder ehemalige Mitschüler.

Dazwischen haben diejenigen ihren Platz, denen wir uns wahlverwandt fühlen: unsere Freunde.

Und oft rücken sie auch ins Zentrum.

Denn für 85 Prozent der Deutschen sind Freunde ein wesentlicher Grund, einen Ort zu ihrer Heimat zu erklären. 74 Prozent erachten sie als eine Art „zweite Familie" – nicht selten werden Freunde sogar zur ersten: Als Wahlverwandtschaft ergänzen sie die Blutsverwandtschaft, ersetzen sie vielleicht sogar.

Doch über alle Lebensalter hinweg zählen wir im Durchschnitt höchstens fünf enge Freunde. Als „besten" Freund bezeichnen wir in der Regel nicht mehr als ein oder zwei Menschen. Und im Mittel tauscht jeder Deutsche alle sieben Jahre etwa die Hälfte seiner vertrauten Gefährten aus.

Freunde kommen und gehen, wenige bleiben. Vielleicht, weil Freundschaft eine äußerst komplizierte Form der Beziehung ist.

Mehr noch, sie ist paradox: Freundschaft beruht auf Freiwilligkeit, auf gemeinsamer Zerstreuung und unverbindlichem Beistand. Anders als familiäre Beziehungen ist sie nicht geregelt, es gibt weder Gesetze noch Satzungen oder Sakramente.

Nicht einmal eine verbindliche Tradition lässt uns spüren, welche Rechte oder Pflichten eine Freundschaft mit sich bringt. Und doch nährt sie die Hoffnung auf Rückhalt, Gewissheit und Beständigkeit. Freundschaft soll Sicherheit bieten. Aber zugleich den Einzelnen nicht einschränken.

Das macht es so schwierig, sie lebendig zu halten – und den fortwährenden Wechsel von Nähe und Distanz auszubalancieren.

Zudem ist Freundschaft stetig im Wandel. Sie verändert sich über die Lebensphasen:

In den ersten Kindheitsjahren brauchen wir meist nur einen Freund. Denn diese Beziehung zu pflegen erfordert ausgeprägte geistige Fähigkeiten wie Einfühlungsvermögen oder einen Sinn für Gerechtigkeit. Kinder gehen spielerisch mit dem Begriff um, probieren ihn aus, sagen so schnell „Du bist mein bester Freund" wie „Du bist nicht mehr mein Freund".

Mit dem Alter festigen sich die Freundschaftsbande. Die stärksten entstehen, so haben Forscher beobachtet, zumeist im späten Teenager- und im frühen Erwachsenenalter. Also in einer Zeit sehr einprägsamer Erlebnisse wie etwa dem Auszug aus dem Elternhaus oder der ersten großen Reise in die Fremde.

Später erlangen Freunde immer dann besondere Bedeutung, wenn das Leben sich radikal verändert. Nach einem Umzug etwa, dem Verlust eines Jobs, einer Scheidung oder dem Auszug der eigenen Kinder.

Über die Jahrhunderte hinweg hat sich die Bedeutung von Freundschaft immer wieder verändert, sie wurde von den jeweiligen Sehnsüchten einer Gesellschaft geprägt.

So galt sie in der Antike als Gegengewicht zu Familie, Haus und Hof, als geistiges Band zwischen Männern, unverbrüchlich, beglückend und schützend im Kampf. In der dörflichen Welt des Mittelalters war die Familie so groß, dass der Einzelne meist nur die eigene Sippe kannte. Die Freundschaft wurde dagegen als gottgefällige Brüderlichkeit gedeutet, so wie die Gemeinschaften der Mönche sie lebten.

Im 18. Jahrhundert bildete die Seelenverwandtschaft von Gleichen unter Gleichen einen Gegenentwurf zum Standesdünkel des Adels. Viele Menschen bewegten sich erstmals über die traditionelle Familie hinaus – und suchten Halt in anderen Beziehungen. Es war die hohe Zeit der Männerfreundschaft, der schwärmerischen Hommage an die Verwandtschaft zweier männlicher Seelen.

Später wuchs die Bedeutung des Begriffes schließlich über alle Standes- und Geschlechtergrenzen hinaus. Freundschaft wurde freier, offener und darf seither von jedem Mann und jeder Frau gelebt werden.

Allerdings haben Freunde für die Geschlechter heute eine unterschiedliche Bedeutung: In weiblichen Freundschaften, so haben Forscher herausgefunden, spielt gegenseitige Unterstützung in der Regel eine weitaus größere Rolle als in männlichen.

Männer verbringen dagegen eher Zeit mit gemeinsamen Aktivitäten, haben zusammen Spaß. Frauen wiederum teilen

Im Mittel tauschen wir alle sieben Jahre **die Hälfte unserer Freunde** aus

»Wir erzählen uns **Sorgen, teilen** unsere Gedanken«

Clarissa Dorn, 55, und Ivan Chevillotte, 52, wären fast ein Paar geworden – und wurden Vertraute

Wir sind beide als mittlere Kinder in ländlichen, katholischen Großfamilien aufgewachsen, manchmal kommen wir uns vor wie Hänsel und Gretel. Ivan und ich sind uns gegenseitig das Ohr, wir erzählen uns alle unsere Sorgen. Ich weiß, wo bei Ivan der Schmerz im Leben ist, und er weiß es bei mir.

Wir haben uns in einer Werkstätte für Mosaik- und Glaskunst kennengelernt. Ich habe ihn durch die Werkstätte geführt, weiß noch, wie wir bunte Gläser gegen das Fenster hielten.

Das war der Moment, in dem ein Funke übersprang. Wir beide lebten jedoch zu dieser Zeit in einer Beziehung, und so entwickelte sich daraus nicht mehr.

Die ersten zwei, drei Monate war ich vielleicht ein bisschen in ihn verliebt. Das verflüchtigte sich schließlich, wir trafen uns aber weiterhin und merkten beide, wie wichtig wir als Freunde füreinander sind.

Wir teilen unsere Gedanken über die Welt, Musik, Kunst, Bücher, und ab und zu haben wir uns auch gegenseitig bei Liebeskummer getröstet.

Für unsere Partner ist unsere Vertrautheit kein Problem, warum auch.

Mein Mann glaubt zwar nicht, dass Männer und Frauen miteinander einfach nur befreundet sein können, aber er respektiert meine Freundschaft zu Ivan.

»Wir haben beide **unbändige Lust** aufs Leben«

Florian Sitzmann, 39, und Max Beyersdorf, 52, engagieren sich gemeinsam für soziale Projekte

Ich lernte Max kennen, als er mir half, meine Wohnung barrierefrei umzugestalten, er ist Bauunternehmer. Ich brauchte ein paar wenige Besonderheiten, weil ich bei einem Motorradunfall beide Beine verloren habe.

Als wir das Bauprojekt gemeinsam umsetzten, merkten wir, dass wir auf einer Wellenlänge funken. Wir haben die gleiche unbändige Lust aufs Leben, packen Dinge auf die gleiche Weise an und erleben jeden Tag wie ein großes Geschenk. Dabei spielt es überhaupt keine Rolle, dass einem von uns zwei Beine fehlen.

Jahre später hatten wir dann die Idee, beim New-York-Marathon mitzumachen.

Und so kam es, 2010 waren wir dabei: Max lief, und ich fuhr als Handbiker die 42,195 Kilometer bis ins Ziel. Eines unserer emotionalsten Erlebnisse!

Und eine Herzenssache. Denn wir unterstützten damit auch Projekte für Kinder in schwierigen Lebenssituationen.

Wir sprühen beide vor Ideen und können andere mitreißen. Wenn einem von uns ein Projekt in den Sinn kommt, legen wir sofort los.

Wir geben uns gegenseitig das Gefühl, wir könnten alles schaffen.

eher das alltägliche Leben und versuchen dabei, einander zu helfen, Rat und Trost zu spenden.

Wie stark ein derart vertrautes Miteinander hilft, selbst wenn man sich noch nicht lange kennt, haben britische Wissenschaftler untersucht. Die Forscher brachten Frauen, die an chronischen Depressionen litten, in London mit sogenannten „Befrienders" zusammen: mit Freiwilligen, die sich regelmäßig mit den Notleidenden trafen und versuchten, eine enge Freundschaft entstehen zu lassen.

Manchmal plauderten sie nur mit den Probandinnen. Aber sie versuchten auch, tiefer gehende Gespräche zu führen, etwa über Gefühle oder prägende Erlebnisse. Die Folge: Nach einem Jahr war die Depression bei 76 Prozent der Frauen stark zurückgegangen. In der Kontrollgruppe ohne „Befrienders", die ansonsten genau gleich behandelt wurde, erlebten dagegen nur 39 Prozent eine derartige Besserung.

Doch nicht nur der Psyche helfen die freundschaftlichen Bande. Eine Analyse von 148 Studien mit Daten von mehr als 300 000 Probanden ergab: Menschen mit engen sozialen Beziehungen – gewissermaßen mit einem stabilen sozialen Atom – leben länger als jene mit weniger Rückhalt.

Damit ist die Einsamkeit für die Gesundheit ebenso schädlich wie Rauchen und schädlicher noch, als keinen Sport zu treiben. Menschen mit wenigen oder eher losen Freundschaften sind zudem besonders anfällig für Infektionskrankheiten und leiden häufiger beispielsweise unter Erschöpfung, Kopfschmerzen und Kreislaufstörungen.

A

Auch bei alltäglichen Aufgaben entlasten Gefährten einander: Sie helfen sich bei Umzug oder Renovierung, kochen für den anderen, verleihen Autos oder helfen sich bei der Betreuung der Kinder aus.

Allerdings ist die Hilfsbereitschaft unter Freunden nicht grenzenlos. Denn anders als die Liebe, die einseitig sein kann, bedarf die Freundschaft des *mutuum*, wie der Kirchenlehrer Augustinus von Hippo schon in der Spätantike niederschrieb: der Wechselseitigkeit. Freundschaft empfindet niemand für sich allein. Deshalb will kaum jemand derjenige sein, der nimmt, aber nichts gibt.

Freunde, die sich auch in schweren Krankheitsfällen oder bei Gebrechlichkeit im Alter dauerhaft unterstützen, die einander füttern und waschen, betten und beim Stuhlgang begleiten, sind eine Ausnahme: Nur rund acht Prozent der Deutschen würden an erster Stelle einen Freund um Hilfe bitten, wenn sie langfristig pflegebedürftig wären. Auch finanzielle Unterstützung ist unter Vertrauten eher selten. Die Mehrheit zieht es vor, bei Verwandten, Banken oder beim Sozialamt um Geld zu bitten.

Doch diese Grenzen von Freundschaft, so vermuten Sozialforscher, könnten sich in Zukunft zusehends verändern.

Denn in Deutschland umgibt das Individuum in der Mitte des sozialen Atoms immer seltener ein enger Familienkreis.

Oft wohnen nur noch zwei Menschen unter einem Dach, Jahr für Jahr meistern mehr Alleinerziehende den Alltag. Mittlerweile bleibt jede fünfte Frau in Deutschland kinderlos, jede dritte Ehe wird geschieden. Die Zahl der Einpersonenhaushalte ist von 34 Prozent (1991) auf 41 Prozent gestiegen (2013). Der Anteil der größeren Haushalte nimmt hingegen stetig ab.

Die demografische Entwicklung in Deutschland, das ist nicht neu, verändert die Bedeutung von Familie und Verwandtschaft. Beide sind, so könnte man sagen, nicht mehr der Garant für ein stabiles soziales Atom.

Der Soziologe Heinz Bude von der Universität Kassel nennt Freundschaft deshalb den „dritten Weg der Fürsorge", neben Familie und staatlicher Hilfe. Vielleicht, so mutmaßt er, könnten Gefährten künftig häufiger als gewohnt das auffangen, was weder Verwandte noch der Sozialstaat stützen.

Auch nach Ansicht von Horst Opaschowski, der in Hamburg ein Institut für Zukunftsforschung leitet, werden wir nicht mehr ohne „soziale Konvois" auskommen – ohne eine Gruppe von Menschen, die uns jenseits oder anstatt der Familie durch das Leben begleiten. Eine Gruppe, in der Vertrauen, Zuverlässigkeit und Solidarität gepflegt werden wie früher in der Sippe. Es scheint ungewiss, ob der Sozialstaat künftig die zunehmenden Kosten einer rapide alternden Gesellschaft zu tragen vermag. Wo aber die ökonomische Kraft schwächer wird, so glaubt Zukunftsforscher Opaschowski, da werden freundschaftliche Bande eine neue Form von Wohlstand bilden, auch zwischen den Generationen.

Dabei werden die sozialen Medien womöglich eine wichtige Rolle spielen. Denn nie zuvor konnten Menschen Tag für Tag so viel Kontakt zu anderen jenseits der Familie haben. Freundschaftsforscher sehen die Beziehungspflege per Internet nicht unbedingt als Mittel, um Freundschaften zu mehren. Sondern um sie zu stärken – und so etwas wie familiäre Intimität zu schaffen.

Drei von vier Deutschen glauben an die **Freundschaft fürs Leben**

Vielleicht sind sich Familie und Freunde gar nicht so fern, wie man meint: Das Wort Freund geht, so vermuten Forscher, auf das germanische *frijond* zurück, abgeleitet von *frijon*, „lieben". Lange wurde es wohl nur auf jene bezogen, die zur Sippe gehörten. Im Laufe der Zeit, so eine Theorie, lösten es die Menschen von den Verwandten – und übertrugen es auf frei gewählte Beziehungen.

Seine Kraft hat es nicht verloren. 85 Prozent der Deutschen halten Freunde für sehr wichtig, 75 Prozent glauben an die „Freundschaft fürs Leben".

Freunde als Garant für Wohlbefinden, gar als Quelle des Glücks: Dieses Ideal ist tief in unserem Bewusstsein verankert. Vielleicht birgt Freundschaft deshalb tatsächlich Potenzial für die künftige Gesellschaft – und vermag einem sozialen Atom Stabilität zu verleihen.

♦

Bertram Weiß, Jg. 1983, hat diese Ausgabe konzipiert. **Isadora Tast** hat die Freunde mit der Kamera porträtiert, die Autorin **Karoline Amon,** Jg. 1966, mit ihnen gesprochen.

Kriegserlebnisse und die durch sie verursachten Traumata hinterlassen oft über Generationen Spuren in Familien, ohne dass diese konkret benannt werden können. Dieses Buch zeigt, woran Kriegskinder und Kriegsenkel die Folgen der von den Eltern oder Großeltern »vererbten« Traumata bei sich selbst erkennen. Eine Fülle von Übungen helfen, den »Schritt beiseite« aus der Weitergabe von Kriegstraumata zu wagen.

Das erste Selbsthilfebuch zum Thema Kriegstraumata

189 Seiten, gebunden | € 16,95 D
ISBN 978-3-407-85740-8
Auch als E-Book erhältlich

Leseprobe auf www.beltz.de

BELTZ

Immer gleich, doch immer wieder schön: Das Weihnachtssingen stärkt bei Sängern und Zuhörern das Gefühl, Teil eines hingen um 1960 im New Yorker Hauptbahnhof, um für eine Fotofirma zu werben, und zeigten in reklamehafter Über

Alle Jahre *wieder*

Weihnachten, Geburtstage, Sonntagsessen: Rituale formen aus Individuen eine Gemeinschaft und geben dem Zusammenleben eine Struktur. Daher gehören sie meist wie selbstverständlich zum Familienleben. Eine nützliche Kraft, findet Harald Martenstein. Und manchmal auch etwas unheimlich

großen Ganzen zu sein. Bilder wie die in diesem Beitrag präsentierten
spitzung die Rituale des »American Way of Life«

Wir sind, in unserer Familie, anfangs gläubig gewesen, dann ging uns der Glaube verloren. Irgendwann sind alle aus der Kirche ausgetreten, sogar meine Großeltern. Trotzdem haben wir natürlich weiterhin Weihnachten gefeiert. Die meisten Ungläubigen tun das. Es gab den Baum, dann bimmelte das Glöckchen, die Geschenke wurden verteilt. Es gab immer das Gleiche zu essen, eine Gans.

Als ich erwachsen war und eine eigene Familie hatte, gingen wir außerdem an Heiligabend immer in die Kirche. Wir fanden das irgendwie passend, wir mochten das. Es gehört halt dazu, egal, ob du gläubig bist oder nicht.

Inzwischen habe ich eine andere Familie und einen kleinen Sohn. Ich möchte ihn taufen lassen, aber als Begründung fällt mir wieder nur dieser blöde Satz ein: Es gehört halt dazu. Es ist, in meiner Sicht, ein Willkommen – in der Welt, in unserer Gesellschaft, in der Familie. Gibt es eine Alternative?

Es muss so ein Ritual geben, das spürt man doch, ein Leben muss einen festlichen Anfang haben, ähnlich wie die Trauerfeier am Schluss. Da will man den Verstorbenen doch auch nicht einfach kommentarlos einbuddeln.

Was die Bedeutung von Ritualen für das Familienleben betrifft, sind die Experten sich einig. Rituale kommen sogar im jüngsten Familienbericht der Bundesregierung vor: „Für die Qualität des Familienlebens sind vorhersehbare Abläufe und Rituale wichtig.“

Es sind nicht nur die Feste, die damit gemeint sind, zum Beispiel der erste Schultag mit der Schultüte oder die Abiturfeier – Rituale geben auch dem Alltag eine Struktur, gemeinsame Mahlzeiten, das Zubettgehen mit der immer gleichen Zeremonie, zum Beispiel Vorlesen.

90 Prozent aller Eltern in Deutschland lesen ihren Kindern vor dem Einschlafen etwas vor – die Beteiligung an Bundestagswahlen liegt in der Regel unter 90 Prozent. Die meisten Deutschen sind auch der Ansicht, dass regelmäßiges gemeinsames Essen ein wichtiger Faktor für die Herstellung von familiärem Glück ist.

Warum ist das so? Die amerikanische Ritualforscherin Barbara Fiese hat die Botschaft der Rituale in drei, wie ich finde, wunderbaren Sätzen zusammengefasst: „This is who we are. This is right. This is what we look forward to and who we will continue to be across generations.“

Sinngemäß übersetzt bedeuten sie: Das sind wir. Das ist richtig. Und so wird es bleiben.

Rituale geben also eine Antwort auf eine der ältesten aller Menschheitsfragen: Wer bin ich? Indem wir gemeinsam etwas tun, immer wieder, als Ritual, stellen wir Gemeinschaft her. Das Individuum wird sich im Ritual der Tatsache bewusst, Teil von etwas zu sein.

So etwas findet nicht nur innerhalb einer Familie statt. Im Kindergarten setzen sich die Kinder in einem Stuhlkreis zusammen. Sie sagen, zum Beispiel, an jedem Morgen im Chor: „Guten Morgen“.

In manchen Ländern wird zum Schulbeginn sogar die Landesflagge gehisst und die Landeshymne gesungen.

Es werden Amtseide geschworen, Rekruten vereidigt. Auf Kreuzfahrtschiffen feiern sie die Äquatortaufe, im Karl-May-Roman schließt Old Shatterhand mit Winnetou Blutsbrüderschaft, im Mainzer Karneval wird seit Jahrzehnten die große Fernsehsitzung mit dem gleichen Lied beendet.

Und wenn irgendwo auf der Welt gegen das Vorgehen der USA oder die Politik Israels protestiert wird, dann kann man sich darauf verlassen, dass die Demonstranten die Fahne der USA oder Israels verbrennen, auch das ist ja eine Art Ritual.

Es gibt also nette und harmlose Rituale, es gibt kriegerische und aggressive, familiäre und staatliche, aber eines haben sie alle gemeinsam: Sie stiften Gemeinschaft.

Es gibt wahrscheinlich keine Kultur, die ohne Rituale auskommt

Im Ritual lernen wir, wie es der Literatur- und Kulturwissenschaftler Burckhard Dücker formuliert hat, eine Gruppe zu bilden und zu stärken; das Ritual ist ein Mittel zur „Binnenintegration" und „Außenabgrenzung".

Der evolutionäre Vorteil, den Rituale besitzen, liegt auf der Hand: Bei unseren Vorfahren hatten diejenigen, die in einer Gruppe fest verankert waren, größere Überlebenschancen als die Einzelgänger. In den Kulturwissenschaften gelten solche Traditionen als eine anthropologische Konstante, das heißt, es gibt

Rituale entfalten ihre Kraft vor allem dann, wenn alle Familienmitglieder daran teilhaben. So kann das große Packen am Ende des alljährlichen Sommerurlaubs zur gemeinsamen Tradition werden

wahrscheinlich keine Kultur, die ohne Rituale auskommt.

Manche Rituale sind universell, jeder versteht sie sofort. Der Kniefall ist ein Beispiel dafür. Als Willy Brandt in Warschau vor dem Denkmal der polnischen Widerstandskämpfer auf die Knie ging, konnte jeder Mensch diese Botschaft begreifen, überall.

Ein berühmtes Beispiel für die Kraft der Rituale gab es im ersten Weltkrieg, an Heiligabend 1914, als deutsche und britische Soldaten ihre Schützengräben verließen und gemeinsam Weihnachten feierten, als Friedensfest.

Ich verstehe gut, dass nicht wenige Homosexuelle Wert darauf legen, zu heiraten. Genügt es denn nicht, akzeptiert zu werden und als Paar ungestört leben zu dürfen? Offenbar nicht. Offenbar besiegelt erst das Ritual der Eheschließung in ihren Augen, dass sie vollkommen, ohne jede Einschränkung, dazugehören. Man ist dann nicht mehr „das Fremde".

Wir brauchen das. Wir brauchen es wirklich. Das Ritual gibt uns Sicherheit, wir spüren, dass wir nicht allein sind, dass es ein Band gibt zwischen uns und den anderen.

In einem Fachbuch über die Eltern-Kind-Beziehung nennt die Autorin Julia Roth Rituale „überlebenswichtig für ein wohltuendes Familienklima". Nur mithilfe solcher Traditionen könne sich eine Familienidentität entwickeln.

Das Ritual, schreibt Julia Roth, schaffe eine Atmosphäre der Besonderheit. Es ist einerseits etwas Außergewöhnliches – nur an Weihnachten bimmelt das Glöckchen, nur am Geburtstag brennen Kerzen auf dem Kuchen.

Andererseits ist es normal: Wir tun das immer an diesen Tagen, genau das ist bei uns üblich, und ich kann mich darauf verlassen, dass es zu diesem Anlass immer so abläuft.

Kinder lieben sowieso Wiederholungen. Jeder, der Nachkommen hat, weiß das. Sie wollen immer wieder die gleiche Geschichte hören. Sie wollen immer wieder das Gleiche essen. Kinder ändern sich ständig, mit jedem Tag, vielleicht haben sie auch deshalb diese Sehn-

Dem Alltag entfliehen, und sei es nur am immer gleichen Wochenende im Jahr: Rituale wie der Ausflug in die Natur schaffen Distanz zum Gewohnten – denn ihnen haftet immer etwas Besonderes an

sucht nach einer Welt, die beständig ist und auf die sie sich verlassen können.

Ein Ritual, das sich in Deutschland durchgesetzt hat, heißt „Dinner for one". Es hat weder etwas mit Brauchtum noch mit Religion zu tun, auch nur indirekt mit Familie, obwohl ich mir diesen Sketch jahrelang mit meinem großen Sohn am Silvesterabend im Fernsehen angeschaut habe. Das war und ist sicher in vielen Familien so üblich.

Muss ich den Sketch wirklich erklären? Es geht um eine britische alte Dame, die ihren 90. Geburtstag im Kreise ihrer längst verstorbenen, nur noch virtuell vorhandenen Ex-Liebhaber feiert. Der Butler übernimmt die Rolle sämtlicher Lover und wird dabei immer betrunkener.

Gelebte Traditionen schenken einem das Gefühl, nicht allein zu sein

Wir schauen uns das an, weil wir genau wissen, was kommt. Je häufiger wir die Gags sehen, die im Grunde nur mäßig originell sind, desto mehr erfreuen wir uns an ihnen. Nach ein paar Jahren kennen wir den Dialog auswendig, und genau das ist das Schöne.

Alles, was man über Rituale wissen muss, steckt in „Dinner for one": die Freude an der Wiederholung, am Sichauskennen, das Gefühl, nicht allein zu sein mit seiner Freude, ein Gefühl von geistiger Heimat, von Sicherheit und Behaglichkeit, das, was Familie ausmacht.

Als mein älterer Sohn aufwuchs, nahmen ihn seine Mutter und ich an jedem Geburtstag in unsere Mitte, jeder von uns fasste ihn an einer Hand, wir rann-

ten los, riefen „Engelchen flieg!“, und er schlug, an unseren Händen, in der Luft einen Salto.

Es ging damit los, als er zwei Jahre alt wurde. Und er liebte dieses Ritual so sehr, dass er auch dann noch dafür zu haben war, als er sich längst nicht mehr in der Öffentlichkeit an der Hand nehmen ließ. Wir mussten es tun, wenn niemand in der Nähe war, der zusehen könnte.

Ich glaube, er war 15 oder 16, als er zum letzten Mal das fliegende Engelchen war. Das hatte dann, beim Finale, eine ironische Note. Aber es war auch traurig, ein Abschied, ich musste mit den Tränen kämpfen.

War das überhaupt ein Ritual? Oder nur ein Spiel? Auf der Suche nach einer Definition des Begriffs landet man wieder bei Burckhard Dücker, dem Verfasser einer „Einführung in die Ritualwissenschaft“.

Dücker schreibt: „Prinzipiell kann jede Alltagshandlung ritualisiert werden“. Er zitiert eine Liste von zwölf Merkmalen, die Rituale kennzeichnen, wobei nicht jedes Ritual alle diese Merkmale aufweisen muss.

Es sollte bei einem ordentlichen Ritual zum Beispiel ein festes, unveränderliches Ablaufschema geben und eine gewisse Feierlichkeit. Das Ritual wird regelmäßig wiederholt und hat einen in der Regel genau definierten Kreis der Teilnehmer, dazu eine „dramatische Struktur“ und eine „ästhetische Dimension“. Das heißt wohl, festliche Blumendekoration schadet nicht.

Hinzu kommen im Idealfall noch ein paar kompliziertere Merkmale wie „Vermittlung von Dispositionen zu Anschlusshandlungen im nichtrituellen Bereich“. Die Grenzen des Rituellen sind fließend, aber im Großen und Ganzen war unser alljährlicher Engelchenflug vermutlich schon ein Ritual.

Ständig erfinden die Leute ja auch neue, moderne Rituale oder ritualähnliche Verhaltensweisen. Vor ein paar Jahren fing es zum Beispiel mit den Schlössern an, die junge Paare feierlich an Brückengeländern befestigen, ein Liebesritual. Das kommt aber vielleicht wieder aus der Mode, Rituale kommen und gehen. Gewisse religiöse Rituale sind bei uns im Begriff zu verschwinden, das Tischgebet ist selten geworden.

2014 wurde plötzlich die „Ice Bucket Challenge“ populär, auf deutsch: Eiskübelherausforderung.

Menschen kippten sich Eimer mit Eiswasser über den Kopf und spendeten zehn Dollar oder Euro für eine Organisation, die gegen die Nervenerkrankung ALS kämpft. Danach nominierten sie drei oder mehr Personen, die sich ebenfalls der Herausforderung stellen sollten. Wer keine Lust dazu hatte, durfte sich mit einer 100-Euro-Spende von der Herausforderung freikaufen. Die Beliebtheit der Ice Bucket Challenge hat inzwischen nachgelassen.

Eine Zeit lang wurde versucht, eine ähnliche Aktion ins Leben zu rufen, die sich dem Kampf gegen den Hodenkrebs widmet. Da sollte man sich nicht mit Eiswasser benetzen, sondern mit Urin. Das hat sich nicht durchgesetzt.

Also, bei aller Liebe zu Ritualen, es scheint nicht jedes bei den Menschen gleichermaßen gut anzukommen.

♦

Harald Martenstein, Jg. 1953, ist Schriftsteller (zuletzt: »Schwarzes Gold aus Warnemünde«) und Kolumnist beim »Tagesspiegel«; er lebt in Berlin und in der Uckermark.

Angst

Was sie ausmacht, wie man sie überwindet

Im Grunde ist sie eine höchst nützliche Emotion, hilft uns, Gefahren zu meiden, kann uns sogar das Leben retten, ob beim Baden in unbekannten Gewässern oder im Straßenverkehr – die Angst. Doch für zahlreiche Menschen in modernen Gesellschaften prägt sie inzwischen das gesamte Lebensgefühl: Wir haben Angst vor Alter und Einsamkeit, fürchten den Verlust von Wohlstand, Sicherheit oder Zukunftschancen. Durchaus berechtigte Sorgen verwandeln sich dann mitunter in eine stete Unsicherheit, in eine permanente Anspannung, die krankhafte Züge annehmen kann.

Etwa jeder siebte Deutsche ist im Laufe seines Lebens mindestens einmal von starken Ängsten betroffen. Sie begleiten nicht selten ein Burnout-Syndrom und zählen zu den häufigsten psychischen Erkrankungen. Mit Hochdruck versuchen Forscher deshalb, die dunklen Seiten der Angst zu ergründen. Dank moderner Hirnforschung und bildgebender Techniken haben ihre Erkenntnisse in den letzten Jahren enorm zugenommen.

Angst zeigt sich oft als diffuses Gefühl der Bedrohung, das die Psyche verdunkelt

Die nächste Ausgabe von GEO WISSEN veranschaulicht, wie sich das Gefühl blitzschnell aus den Tiefen des Gehirns in unser Bewusstsein drängt. Sie erklärt, wie sich normale Angst von einer behandlungsbedürftigen unterscheiden lässt; zeigt Methoden auf, mit deren Hilfe sich quälende Ängste effektiv überwinden lassen. Und erläutert, wie wir diese Emotion manches Mal auch als Chance nutzen können.

Diese Ausgabe von GEO WISSEN erscheint am 11. Mai 2016

Höhenangst lässt sich therapieren: Man muss sich ihr stellen – wenn auch vielleicht nicht derart weit oben